Ich widme dieses Buch meinem langjährigen, japanischen Freund, dem Gründer, Vorsitzenden und heutigen Ehrenvorsitzenden der Zen Nippon Airinkai, Dr. Takeo Kuroki, der durch seinen persönlichen Einsatz und durch seine Bücher maßgeblich dazu beigetragen hat, daß die Koi über die ganze Welt verbreitet wurden. Auch ich verdanke ihm einen großen Teil meines Wissens über Koi.

Yamabuki-Ogon, 80 cm, bester Ogon der Größenklasse 80 cm auf der 32. All Japan Show 1996. (Foto: Z.N.A.)

Bernhard Teichfischer

Nishikigoi

Faszinierendes Hobby Koi

Dähne Verlag

Alle Fotos und Zeichnungen, außer den besonders gekennzeichneten, sind vom Autor.

Die Deutsche Bibliothek - CIP-Einheitsaufnahme

Teichfischer, Bernhard:
Nishikigoi: Faszinierendes Hobby Koi /
Bernhard Teichfischer – 2. Auflage
- Ettlingen: Dähne 2001
ISBN 3-921684-43-9

Bernhard Teichfischer

Nishikigoi
Faszinierendes Hobby Koi
2., durchges. Auflage

ISBN 3-921684-43-9

Lektorat: Ulrike Wesollek-Rottmann
Layout: Andreas Holz
Herstellung: Werner Trauthwein
Lithos: Werbeagentur Horlacher, Heilbronn
Druck: Graspo s. r. o. Zlin/CZ

Zum Geleit ... 8
Vorwort ... 10

Koi-Zuchtformen und ihre Beurteilung ... 12
- Koinamen und was dahinter steckt ... 14
- Wieviele Nishikigoi-Zuchtformen gibt es? ... 15
- Koi-Standards ... 16
- Wie erlernt man die Beurteilung von Koi am besten? ... 17
- Grundbewertungsprinzipien für alle Koi ... 19

Standard und Bewertung der einzelnen Zuchtformen ... 23
- Kohaku ... 23
- Taisho-Sanshoku ... 28
- Showa-Sanshoku ... 33
- Bekko ... 37
- Utsurimono ... 40
- Asagi ... 44
- Shusui ... 49
- Koromo ... 51
- Kawarimono ... 58
- Hikarimono ... 62
- Hikari-moyomono ... 68
- Hikari-Utsurimono ... 73
- Kinginrin ... 77
- Tancho ... 79
- Allgemeiner Stand der Koizucht ... 81

Die Koizucht in verschiedenen Ländern der Welt ... 83
Koi Hunting ... 87
Was ist beim Koi-Import zu beachten? ... 89
Wie müssen frischimportierte Fische behandelt werden? ... 90
Wo erhält man die besten Informationen über Koi? ... 92

Gärten und Teiche 93
Plastikteiche 93
Vor Ort gefertigte GFK-Teiche 95
Welche Materialen sind für das Laminieren erforderlich? 99
Umgang mit Polyesterharzen und Arbeitsschutz 100
Einfaches Herstellen eines Betonteiches ohne Schalung 102
Skimmer 104

Tips, Tricks und Ratschläge 106
Filter sind unbedingt notwendig für einen Koiteich 106
Wie sollte prinzipiell eine wirkungsvolle Filterung aussehen? 107
Pflanzenfilter 109
    Pflanzen für Pflanzenfilter 112
    Empfehlenswerte Sumpfpflanzen für Pflanzenfilter 115
    Pflanzenfilter für Koi-Anlagen in Innenräumen 115
Biologische Filter mit Schwammpatronen 116
Filter mit waagerechter Durchströmung 118
Richtige Bemessung und Ausführung des Rohrsystems 120
Krankheiten der Koi 122
    Vorbeugen ist besser als Heilen 122
    Vorbeugende Behandlung gegen Parasitenbefall 134
    Die Lochkrankheit, auch eine Umwelterkrankung 137
    Die Wirksamkeit von Arzneimitteln 138
Torf im Teich 139
Probleme der Koiüberwinterung dürfen nicht unterschätzt werden 142
Heizen des Koiteiches 142
Das Fotografieren von Koi 144
    Kamera, Objkektiv und Elektronenblitz 144
    Wie geht man bei der Aufnahme vor? 151

Literatur 153
Stichwortverzeichnis 154

Bernhard Teichfischer ist einer der ersten, der in Deutschland Entscheidendes über Koi publiziert hat. Schon sein 1988 herausgegebenes Buch „Farbkarpfen" war ein wichtiger Leitfaden für viele der ersten Koiliebhaber in Deutschland. Zur damaligen Zeit war in Deutschland so gut wie nichts über Koi bekannt. In diesem Buch war aber schon alles Wesentliche über die Koizuchtformen, ihre Geschichte und ihre Haltung und Vermehrung enthalten.

Sein zweites, 1996 erschienenes Buch „Koi in den schönsten Wassergärten" wurde dann zur „Bibel" für die deutsch sprechenden Koiliebhaber.

Dr. Dieter Hannen, Gründer und Geschäftsführer des KLAN sowie Redakteur des KLAN Koi Magazins (Foto: Schütz)

Seine leicht verständliche und unterhaltende Art, selbst über komplizierte Themen zu schreiben, brachte ihm eine große Leserschar. So konnte bereits 1999 die dritte Auflage dieses Titels gedruckt werden.

„Koi in den schönsten Wassergärten" beinhaltet alles über die Geschichte der Wassergärten und der Koi, über die verschiedenen Varianten des Teichbaus, über die erforderlichen Wasserwerte, über die verschiedenen Filter, über notwendiges Zubehör, über die Anlage von Wassergärten auf verschiedene Art, über die Einrichtung und Bepflanzung dieser Gärten, über den Besatz mit Nishikigoi, über die Zuchtformen der Koi, über die Pflege, Vermehrung und Zucht der Koi, über die Überwinterung, über Fischkrankheiten und vieles mehr.

Bernhard Teichfischer ist ständig unterwegs, um sein Wissen über Koi zu vergrößern. So hat er schon viele Länder besucht, um dort die Haltung und Zucht der Koi zu studieren. Bisher war er in England, in Japan, in Peking, in Kalifornien, in Singapur, in Thailand, in Malaysia, in Hongkong, in Taiwan, in Holland und in Belgien, um Kontakte mit Koiliebhabern zu knüpfen und Koi und Wassergartenanlagen zu fotografieren.

Das hier vorliegende Buch „Nishikigoi - Faszinierendes Hobby Koi" behandelt nicht die grundlegenden Probleme, sondern will das Wissen über Koi manifestieren und vertiefen. Es beschäftigt sich unter anderem mit Themen, die erfahrungsgemäß ein Verständnis erfordern, das nicht von heute auf morgen erworben werden kann.

Außerdem zeigt es wieder viele schöne Fotos, die der Autor in gekonnter Weise zum größten Teil selbst aufnimmt. Auch diese Bilder sollen dazu anregen, schönere Koi zu halten sowie schönere Wassergärten anzulegen und damit das Hobby zur Freude aller weiter zu verbreiten.

Februar 1999, Dr. Dieter Hannen

Das faszinierende Hobby Koi hat sich inzwischen zunehmend über die ganze Welt verbreitet. Besonders in Deutschland ist es in den letzten Jahren zu einem immer noch anhaltenden Boom geworden.
Durch umfangreiche Bemühungen der deutschen Koivereinigung KLAN (Koi Liebhaber am Niederrhein) und besonders durch deren sehr informative Zeitschrift „KLAN Koi Magazin" sind wesentliche Durchbrüche in der erfolgreichen Haltung dieser teils sehr teuren Fische erzielt worden.

Auch ich habe versucht, mit meinen beiden Büchern „Farbkarpfen" und „Koi in den schönsten Wassergärten" das allgemeine Verständnis für diese Fische zu erweitern. Besonders im letzten Buch habe ich mein ganzes Wissen über Koi zusammengetragen und gleichzeitig Anregungen gegeben, um das Koihobby attraktiv zu gestalten.

Ein solch schöner Koigarten wie dieser von Hubertus Weidmann, Deutschland, findet viele Bewunderer. (Foto: Weidmann)

Seit der zweiten, verbesserten Auflage dieses Buches (1997) gibt es kaum grundlegend neue Erkenntnisse. Jedoch fehlt häufig unter den Liebhabern das sichere Ansprechen und das eigene Beurteilungsvermögen der Qualität der einzelnen Zuchtformen. Das erfordert eine intensive Beschäftigung und viel Übung. Außerdem ist es in Deutschland noch nicht die Regel, die Koi in einem schönen und dekorativen Wassergarten zu präsentieren. Auch hier fehlen oft die notwendigen Kenntnisse und das gärtnerische Verständnis.

Um den Umgang mit Koizuchtformen und auch den Blick für die Schönheit eines Wassergartens noch weiter zu schulen, haben Autor und Verlag beschlossen, einen weiteren ergänzenden Band herauszugeben. Dazu habe ich nochmals Reisen zu Koifreunden nach Singapur, Hongkong, Kalifornien, Taiwan, England, Belgien und Holland unternommen, um gute Koi und noch mehr interessante und schöne Wassergärten mit Koi vorstellen zu können. Auch einige schöne Koianlagen aus Deutschland sind dabei. - Diesmal versuche ich, die Bilder etwas aus der Anonymität herauszuholen, indem ich, soweit mir das bekannt ist, die Besitzer der Anlagen nenne. Bei den Koibildern bin ich bemüht, die errungenen Preise anzugeben.

Der erste Teil – Koi-Zuchtformen und ihre Beurteilung – zeigt eine sehr ausführliche Beschreibung der Standards und Bewertungspunkte aller Koizuchtformen, so daß der Liebhaber bei intensivem Studium befähigt wird, Koi fachgerecht anzusprechen und zu beurteilen.

Im zweiten Teil - Gärten und Teiche - sollen unter anderem die abgebildeten Koianlagen Anregung für eigene Gestaltungen geben. Außerdem werden noch einige Varianten für den Teichbau beschrieben.

Der dritte Teil - Tips, Tricks und Ratschläge - zeigt vor allem interessante Möglichkeiten zur Lösung vieler Probleme in der Koihaltung, die teils veröffentlicht wurden, oder, die ich auf meinen Reisen kennengelernt habe. - Fast jeder Koihalter hat in dieser Beziehung spezielle Ideen.

Auch für dieses Buch habe ich zusammen mit meiner Frau wieder viele Koiliebhaber in verschiedenen Ländern besucht. Es waren dieses Mal Koiliebhaber, Händler und Züchter in Singapur, in Thailand, in Hongkong, in Malaysia, in Kalifornien, in Taiwan, in Holland, in Belgien und auch in Deutschland. Ihnen allen meinen besten Dank. Ich danke vor allem folgenden Personen, die uns besonders unterstützt und teils auch geführt haben: Wilson Yeo, Singapur/ Shirly Lim, Singapur/ Katsuma Kubota, Thailand/ Paul Yu, Hongkong/Yong Kwee Lim, Malaysia/ Bob und Joan Finnegan, Kalifornien/ Don und Janet Vukovich, Kalifornien/ Carl und Peggy Fridenstine, Kalifornien/ John und Rena Buchanan, Kalifornien/ Dr. Wieslaw und Elisabeth Glinski, Kalifornien/ Dr. Mao-Lin Tsai, Taiwan/ Sharman Chou, Taiwan/ Alex Chen, Taiwan/ Hsin Shui Peng, Taiwan/ Dr. John B. Gieles, Holland/ Louis Vanreusen, Belgien und Dr. Dieter Hannen, Deutschland.

Meinem langjährigen, japanischen Freund, Dr. Takeo Kuroki, danke ich dafür, daß er für mich die Erlaubnis erwirkte, Koifotos aus Nichirin für die Darstellung der einzelnen Zuchtformen zu verwenden.

Für die Durchsicht des Manuskripts und die einleitenden Worte danke ich meinem Freund Dr. Dieter Hannen, dem Gründer und Geschäftsführer des KLAN.

Weinböhla, im Frühjahr 1999
Bernhard Teichfischer

Koi-Zuchtformen und ihre Beurteilung

Koi werden im allgemeinen nur von oben betrachtet. Anders teilweise im asiatischen Kulturraum. Hier sind Koi ein Symbol für Glück, Wohlstand und Reichtum. Besonders bei beengten Wohnverhältnissen (in Hongkong, Singapur, Taiwan usw.) hält man sie sehr häufig in Aquarien, deshalb besteht dort ein erhöhter Anspruch auf Farbigkeit in der Seitenansicht.

Die erste Begegnung mit Koi ist, so glaube ich, für jeden Menschen ein sehr faszinierendes Erlebnis. Es sind auf jeden Fall Fische, die anders sind als alle anderen, bisher gesehenen. Was sind dagegen z.B. Diskusbuntbarsche, um nur eine andere große, sehr bekannte und ebenfalls teure Zierfischart mit vielen Farbschlägen zu nennen? Nichts, vergleicht man z.B. die Farbenpracht, nichts, vergleicht man ihre Bindung zum Pfleger. Diskus sind meistens sehr scheu und bewegen sich langsam und wenig. Der Diskus ist interessant wegen seiner etwas schwierigen Zucht und seiner interessanten Brutpflege. Trotzdem sind Koi sicher viel populärer, denn ausgewachsene, zahme Tiere stellen dank ihrer Gefräßigkeit sofort Kontakt, oft auch zu fremden Menschen her. Manchmal kommen sie mit dem halben Körper aus dem Wasser und betteln um Futter. Ich habe in öffentlichen Garten- und Parkanlagen Japans Koi gesehen, die bei Annäherung von Besuchern um Futter betteln und zu mehreren übereinander förmlich aus dem Wasser an Land gekrochen kommen und sich streicheln lassen. Ein solches Verhalten fordert sofort die Kontaktnahme der Menschen heraus: Koi werden als Haustiere akzeptiert und in die Familie mit einbezogen, sie wachsen den Menschen ans Herz. Kein Wunder, daß Koi in Japan sehr sorgsam gepflegt und dadurch sehr alt werden. Nicht selten vererbt man sie weiter, und schließlich pflegen die Enkel die Fische ihrer Großeltern. Stirbt ein solches Tier, so ist das anders, als der Verlust eines Guppys im Aquarium. Unabhängig vom Wert, macht der Verlust eines lange, im engen Kontakt gepflegten Koi sehr traurig.

Ich erinnere mich noch sehr gut daran, wo ich meine ersten Koi sah. Es war während einer großen und dekorativen Aquarienausstellung in Katowice/Polen im Jahre 1970, mit exzellent eingerichteten Aquarien

Koiteich
im italienischen Stil
(Foto und Besitzer:
H.-D. Klöttschen)

und Tausenden von teils sehr verschiedenen Aquarienfischen. An einem der Aquarien blieb ich wie angewurzelt stehen. Nur fünf etwa 10 cm große, sehr farbige Fische waren darin. Jeder dieser Fische war anders gefärbt. Solche Fische hatte ich noch niemals gesehen. Ich stand vor dem Aquarium und war fasziniert. Was waren das für Fische? Es dauerte lange, bis ich jemanden von der Ausstellungsleitung gefunden hatte, der mir Auskunft geben konnte. Ich war ein guter Kenner von Goldfischen, aber daß auch Karpfen so schön gefärbt sein können, das wußte ich zu dieser Zeit noch nicht. Ich mußte solche Fische haben, aber woher nehmen? Der Besitzer war Edwin Brorson, ein uns allen bekannter, sehr prominenter, schwedischer Aquarianer. Ich erfuhr von ihm, daß er die Fische in Schweden in einer Zoohandlung gekauft hatte, um sie hier in Polen auszustellen und sie anschließend dem polnischen Verein zu schenken. So sehr ich mich auch bemühte, an diese Koi war nicht heranzukommen. Ich redete mit Edwin, und er versprach, zu versuchen, mir solche Fische zu besorgen. Na ja, es war wie so oft: Koi bekam ich keine, aber ein kleines, dünnes, amerikanisches Buch über Koi. So konnte ich wenigstens etwas über meinen Traum lesen. Erst später gelang es mir dann, Koi selber zu pflegen und auch zu vermehren. Ich war von meinen damaligen Koi und auch von den Bildern in dem Buch begeistert. Wenn ich diese Bilder allerdings heute ansehe, so muß ich sagen, daß die abgebildeten und meine damaligen Koi nach dem heutigen Stand der Zucht nur mindere Qualität hatten und die meisten in vielen Punkten nicht dem Standard entsprachen.

Übrigens eine ganz typische Entwicklung eines Koiliebhabers: Zunächst ist man von allen Koi begeistert, wenn sie nur recht bunt sind. Später, mit zunehmender Qualifikation möchte man dann Fische haben, die auch auf speziellen Koi-Ausstellungen gut bestehen können. Lang ist der Weg bis man in der Lage ist, gute von schlechten Koi unterscheiden zu können, und nicht beim Kauf immer wieder neues Lehrgeld zu bezahlen.

Typisch ist oft auch, daß der Händler beim Verkauf etwas von Tategoi erzählt. Ein so bezeichneter Koi hat die Chance sich im Laufe seiner Entwicklung qualitativ so zu verbessern, daß er später Preisträger in einer Koischau werden kann. Verständlich, daß ein solcher Fisch viel Geld kostet! Leider ist die Enttäuschung oft groß, wenn sich die Prophezeiung nicht erfüllt.

Es ist auf jeden Fall besser, wenn man sich bei der Beurteilung der Qualität nicht nur auf einen Händler verlassen muß, sondern die Fische weitgehend selber einschätzen kann. Das ist nicht einfach und bei jungen und kleinen Koi bis etwa 15 cm Größe fast aussichtslos. Ein kleiner Koi kann zwar schon standardgerecht aussehen, leider verändert er sich aber dann in der Zukunft meistens sehr zu seinen Ungunsten: Er färbt sich um oder verliert weitgehend seine Farbe. Das ist einer der Gründe, warum ein kleiner Koi meistens relativ billig und ein größerer, guter oft so teuer ist.

Koinamen und was dahinter steckt

Der angehende Koiliebhaber wird schon sehr bald mit vielen, ihm zunächst unbegreiflichen Namen konfrontiert. Viele Menschen haben eine große Antipathie gegen Namen und besonders gegen komplizierte, ausländische Namen. So sträuben sich viele Aquarianer wissenschaftliche Namen für ihre Zierfische und Wasserpflanzen zu gebrauchen. Sie sind der Meinung, mit deutschen Namen auszukommen. Das führt leider immer wieder zu großen Irrtümern und Mißverständnissen, denn die deutschen Namen sind nicht eindeutig und im internationalen Maßstab schon gar nicht zu gebrauchen.

Dieselben Probleme gibt es mit den Koinamen. Hierbei handelt es sich aber nicht um wissenschaftliche Namen, sondern um japanische Bezeichnungen. Der wissenschaftliche Name für alle Koi (Karpfen) ist *Cyprinus carpio*. Die Koi, oder besser gesagt Nishikigoi, sind lediglich Farbvarianten des normalen Wild- bzw. Speisekarpfens, den die Japaner mit Magoi bezeichnen.

Wie viele Nishikigoi-Zuchtformen gibt es?

Es gibt über 100 verschiedene Basis-Zuchtformen. Aber die Anzahl dieser Zuchtformen erweitert sich noch wesentlich durch bestimmte Merkmale in der Beschuppung, wie teilweise Schuppenlosigkeit (sogenannte Doitsu), bzw. Glanzbeschuppung (Kinginrin) oder auch durch Langflossigkeit (Kometenkoi oder Butterflykoi). Alle diese zusätzlichen Merkmale können auf sämtliche Basis-Zuchtformen aufgezüchtet werden, so daß man ohne weiteres von 300 bis 400 Zuchtformen sprechen kann.

Butterflykoi im Aquarium

Ich gebrauche hier das übliche Wort Zuchtformen, obwohl die meisten Koi keinesfalls reinerbig sind, wie Zuchtformen anderer Tierarten (Hunde, Tauben, Hühner, Kaninchen usw.). Verpaart man z.B. zwei Showa Sanshoku miteinander, so ergibt die Nachzucht höchstens 20% Showa Sanshoku, die restlichen 80% sind ein kunterbuntes Gemisch von verschieden gefärbten Koi.

Für die Einordnung und Bewertung der Koi auf Ausstellungen wäre eine so große Vielzahl von 100 bis 400 einzelnen Zuchtformen unüberschaubar, deshalb hat die führende, japanische Koiliebhabervereinigung Zen Nippon Airinkai (Z.N.A.) alle Koi in 13 Hauptgruppen unterteilt. So können Sieger in den einzelnen Gruppen und aus diesen dann der oder die Gesamtsieger ermittelt werden.

Die 13 Hauptgruppen heißen:

Kohaku, Taisho-Sanshoku, Showa-Sanshoku, Bekko, Utsurimono, Asagi & Shusui, Koromo, Ogon, Hikari-moyomono, Hikari-Utsurimono, Kawarimono, Kinginrin und Tancho.
Seit 1997 hat man in Japan Asagi und Shusui sowie Ginrin und Ginrin-Gosanke getrennt.

Koi-Standards

Für die Bewertung der einzelnen Koizuchtformen gibt es Standardvorschriften. Darunter versteht man eine genaue Beschreibung der verschiedenen Koivarietäten, die von einem Koiverein, in diesem Fall der japanischen Zen Nippon Airinkai erstellt wurde, und nach der man dann auf Ausstellungen auch die Koi bewertet.

Wie bei anderen Standardvorschriften, z.B. für Hunde, Katzen, Kaninchen, Tauben und Hühner, unterliegen auch die Standards der Koi Änderungen, die der Mode oder auch gesundheitlichen Aspekten für das Tier unterworfen sind.

Oft kommt es innerhalb eines so riesigen Vereins, wie der Zen Nippon Airinkai, besonders bei territorial sehr entfernten Vereinen zu geringfügigen Meinungsverschiedenheiten, wie eine Standardvorschrift zu verwirklichen ist. Ich richte mich hier nach den Veröffentlichungen von Dr. Takeo Kuroki und Reinosuke Nogami.

Wie erfolgt die Bewertung von Koi?

Zunächst muß festgestellt werden, um welche Zuchtform es sich handelt, und in welche der 13 Hauptgruppen ein zu bewertender Koi eingeordnet werden kann. Nur so ist eine Bewertung möglich. Auf Ausstellungen findet man hervorragende, gute und gewöhnliche Koi. Schlechte Koi sollten nicht ausgestellt werden.
Hervorragende Koi (Yugoi) sind sehr selten, davon wird in jedem Jahr höchstens nur einer gezüchtet. Ein hervorragender Koi hat nur Vorzüge und keine Mängel. Auf jeden Fall erringt ein solches Tier einen der vorderen Preise. Bei entsprechender Größe wird er sicher sogar Grand Champion.
Gute Koi (Ryogoi) weisen sowohl gute als auch schlechte Bewertungspunkte auf. Hierzu gehören die meisten Preisträger-Koi.
Gewöhnliche Koi (Bongoi) haben weder Vor- noch Nachteile. Bei schlechten Koi (Dagoi) überwiegen die negativen Merkmale.Sie sind nicht wert, Nishikigoi genannt zu werden.

Die jährlich in der Rhein-Ruhr-Halle in Duisburg stattfindende, große, internationale Koi-Ausstellung des KLAN ist eine einzigartige Möglichkeit, viele gute Koi zu sehen sowie Kontakte zu Koiliebhabern und Koihändlern zu knüpfen.

Leider gibt es keine perfekten Koi, außer den schlechten haben alle gute und schlechte Eigenschaften, und zwei völlig gleiche Koi wird man auch nicht finden.

Die Schwierigkeiten bei der Bewertung bestehen nicht in der Einschätzung von hervorragenden und schlechten Koi, sondern darin, einen guten dem gewöhnlichen Koi vorzuziehen. Dazu ist unbedingt eine positive Einschätzung notwendig, d.h., die guten Eigenschaften eines Koi müssen entsprechend in den Vordergrund gestellt werden. Es darf nicht passieren, daß einem mittelmäßigen (gewöhnlichen) Koi der Vorzug gegeben wird, während ein guter Koi mit einem geringen Fehler an zweite Stelle rückt. Deshalb sollen bei einer Koibeurteilung stets nur die guten Punkte beachtet werden; die schlechten Punkte werden nur beim Vergleich von Koi derselben Qualität herangezogen.

Als Anfänger in der Koibewertung läßt man sich im allgemeinen sehr von der Zeichnung eines Koi beeindrucken. Diese spielt aber bei der Bewertung eine relativ untergeordnete Rolle, sie steht an letzter Stelle. So kann z.B. durchaus ein in Form und Farbe hervorragender Koi mit einem geringfügigen Zeichnungsmakel Ausstellungssieger werden.

Eine gute Bewertung auf einer Ausstellung schlägt sich natürlich auch im Verkaufspreis eines Koi nieder. Außerdem bestimmen aber auch Angebot und Nachfrage den Preis von Koi. So sind mit Sicherheit neue und schöne Zuchtformen sehr gefragt und deshalb besonders teuer.

Wie erlernt man die Beurteilung von Koi am besten?

Zunächst ist es natürlich wichtig, die Charakteristika der einzelnen Zuchtformen zu kennen. Diese müssen ganz theoretisch erlernt werden. In der Praxis ist es als Anfänger dann trotzdem sehr schwierig, einen Koi als Einzelstück zu beurteilen. Gewöhnlich konzentriert man sich dabei zu sehr auf Einzelheiten und verliert den Gesamtüberblick.

Die beste Möglichkeit der Beurteilung ist immer noch der Vergleich. Aber auch dazu gehört sehr viel Übung. Man sollte jede Gelegenheit wahrnehmen, um für sich Koi durch Vergleich zu beurteilen, indem man z.B. Koi bei anderen Liebhabern und bei Händlern versucht, einzuschätzen. Dabei sollte die Orientierung an wertvollen Koi geschehen. Es hat wenig Sinn, die eigenen Koi mit schlechteren zu vergleichen. Man muß „ohne Scheuklappen" die Schwachstellen der eigenen Koi erkennen können.

Sehr wichtig für die Beurteilung von Koi ist der Besuch von Ausstellungen. Hier sollte versucht werden, die Beurteilung der einzelnen Koi durch die Wertungsrichter privat nachzuvollziehen. Dabei wird man zunächst sicher sehr oft vor Rätsel gestellt. Im Zweifelsfall kann ein Wertungsrichter gebeten werden, sein Urteil zu begrün-

Auf folgende Fehler in der Körperform ist besonders zu achten:

Fehler der Körperstruktur:

- zu lang,
- zu kurz,
- zu fett,
- zu dünn,
- verkrüppelt,
- einseitige Ausbuchtungen,
- Löcher.

Fehler der Flossen:

- Fehlende Flossen,
- verbogene und deformierte Flossen,
- fehlende, gebrochene und zu kurze Flossenstrahlen,
- paarige Flossen (besonders Brustflossen) sind verschieden groß,
- zu kleine, deformierte oder zerfetzte Schwanzflosse,
- zu kleine und/oder ausgefranste Rückenflosse.

Fehler der Schulter:

- hoher Buckel,
- asymmetrische Schulter durch Verdrehung oder Eindellung.

Fehler der Brust:

- abnormal breit,
- zu schmal,
- topfbäuchig oder faßähnlich,
- asymmetrische Ausbildung.

Fehler des Kopfes:

- zu kleiner Kopf,
- zu großer, sogenannter Hungerkopf,
- durchgebogene obere Kopflinie mit aufwärts gerichtetem Maul,
- deformierte und eingedellte Kopfseiten,
- deformierte, zu kurze oder hochgebogene Kiemendeckel,
- Buckel im Nacken,
- schiefes oder deformiertes Maul,
- deformierte oder fehlende Barteln,
  trübe und/oder eingesunkene Augen,
- Glotzaugen,
- unterschiedlich große Augen.

Merke: Die Körperform eines Koi läßt sich nicht eindeutig nach einer Fotografie beurteilen. Die Fotografie stellt eine Momentaufnahme — meistens während der Bewegung des Fisches — dar, dadurch erscheint die Körperhaltung oft sehr ungünstig. Das muß man wissen, weil Koi oft nach einer Fotografie beim Händler bestellt werden.

den. Wenn es möglich und gestattet ist, sollte man vielleicht auch einmal mit den Bewertungsrichtern mitgehen, die Bewertung beobachten und versuchen, im Stillen mitzuwerten, ohne natürlich zu stören. Trotz allem ist der Weg lang, bis jemand in der Lage ist, Koi so einzuschätzen, daß seine Bewertung mit denen der Wertungsrichter übereinstimmt.

Grundbewertungsprinzipien für alle Koi

Die Körperform

An erster Stelle einer Koibewertung steht die Körperform. Zur Bewertung der Körperform eines Koi im Vergleich zu seiner Größe gehört gleichzeitig die Bewertung des Kopfes mit Nacken, Kiemendeckeln, Maul, Barteln und Augen. Außerdem die Beurteilung der Schulter, der Brust und der Flossen. Der Körper sollte nicht zu lang, zu kurz, zu dünn oder zu fett sein. Er darf auch nicht verkrüppelt oder verdreht sein. Es ist wichtig zwischen einer guten Körperform durch Laichansatz und einer überfütterten Mastform, die auch durch Haltung in zu flachen Teichen entsteht, unterscheiden zu können. Um die Körperform beurteilen zu können, muß der Koi von oben und von der Seite betrachtet werden.

In Japan gilt: Für die Ausbildung einer guten Körperform ist es notwendig, daß der Haltungsteich mindestens dreimal so tief wie die Körperlänge des Koi ist.

Beurteilung von oben:

Sie erfolgt am besten von einem erhöhten Standpunkt aus. So kann man besonders beim Auf-sich-zu- und Von-sich weg-schwimmen eines Koi feststellen, wie er sich beim Schwimmen bewegt. Dabei ist zu erkennen, ob das Rückgrat in der Draufsicht gerade ist, und ob der Körper die geforderte, schön gewölbte Form hat. Die Körperwölbung soll auf beiden Seiten des Körpers symmetrisch sein, die breiteste Körperstelle befindet sich zwischen dem Ende der Kiemendeckel und dem Rückenflossenansatz.

Die Kopfgröße soll der Größe des Körpers entsprechen. Der Kopf darf nicht zu groß und nicht zu klein sein. Er soll auch nicht spitz, sondern muß gut gerundet sein. In Höhe der Kiemendeckel (sichtbar in der Draufsicht) geht der Kopf möglichst absatzlos in die Körperform über. Die Kiemendeckel müssen gut anliegen und die Kiemenbögen gut abdecken. Sie dürfen keine Verwölbungen oder

Defekte aufweisen. Auch das Maul muß überprüft werden, da es nicht selten verformt ist. Es soll in der Seitenansicht der Linie des Kopfes folgen und nicht etwa stark aufwärts oder abwärts gerichtet sein. Die Augen müssen normal groß, nicht glotzäugig oder zu tief liegend sein.

Betrachten von der Seite:

In der Seitenansicht hat das Rückgrat eine leichte Krümmung, wobei sich der höchste Punkt des Rückgrates hinter dem Kopf in Schulterhöhe befindet. Weiterhin ist die Körperhöhe des Koi zu bewerten: Sie soll etwa ein Drittel der Körperlänge betragen.

Die Kopfform muß von der Seite gesehen möglichst ohne Absatz gleitend in die Körperform übergehen. Hier ist besonders auf eine eventuelle Buckelbildung (einen unerwünschten, sogenannten Stiernacken) in Schulterhöhe zu achten.

Der untere Teil des Kopfes soll ebenfalls möglichst ohne größere Absätze in den Körper übergehen. Die Brust darf nicht ungewöhnlich vorgewölbt, aber auch nicht messerförmig sein. Weiterhin ist die Beurteilung der Flossen sehr wichtig, da nicht selten Flossen fehlen oder deformiert sind. Ein Koi muß zwei Brustflossen, zwei Bauchflossen, eine Afterflosse, eine Schwanzflosse und eine Rückenflosse haben. Zu kleine, geknickte oder verdrehte Flossen können die Schönheit eines Fisches sehr beeinträchtigen. Die Brustflossen sind eine besondere Zier des Koi, deshalb sollen sie möglichst groß ausgebildet und gut gerundet sein. Auch der Rückenflosse ist in bezug auf Größe und Form besonderes Augenmerk zu schenken.

Da auf allen Ausstellungen, außer der Zen Nippon Shinkokai (die professionelle, japanische Koivereinigung), nicht nach dem Geschlecht der Ausstellungstiere getrennt wird, ist auch das Geschlecht eines Koi wichtig. Weibliche Koi sind für Ausstellungen wesentlich wertvoller. Sie werden größer und entwickeln die gewünschte Form besser als die viel kleiner und schlanker bleibenden Männchen. Deshalb sind Ausstellungssieger und Jumbokoi stets Weibchen (Ausnahmen bestätigen die Regel).

oben links:
Koiteich bei einer Schule in Taipei
oben rechts:
Koi in einem Teich des Chiang Kai Shek-Gedächtnisparks in Taipei
unten links:
Koiteich im chinesischen Stil im Kun Yuan, einem Park in den Bergen außerhalb Taipeis
unten rechts:
Koi als Glücksbringer dürfen auch in Tempeln nicht fehlen. Hier im Tempel Hsing Tien Kung, Taipei.

Den Geschlechtsunterschied kann man an der Form erkennen: Weibchen werden viel größer und kompakter, dagegen bleiben die Männchen kleiner und schlanker. Eine Geschlechtsunterscheidung im Jugendstadium ist unmöglich und erst im Alter von etwa drei Jahren mit einiger Sicherheit möglich.

Die Farbe und Hautqualität

Nach der Beurteilung der Form folgt die Bewertung der Farbe. Die Farbe ist wesentlich abhängig von der Hautqualität und von der Beschuppung.

Die Hautqualität ist ein Teil der allgemeinen Qualität und der Gesundheit eines Koi. Gute Hautqualität verursacht Körperglanz und ein Leuchten der Farben. Besonders das Weiß eines Koi erhält bei guter Hautqualität einen metallischen Glanz.

Beim Vergleich der Hautqualität ist die Größe der Fische zu berücksichtigen. Im Normalfall ist die Hautqualität kleiner Koi noch nicht gut entwickelt, trotzdem kommen kleine Koi mit einem schönen Glanz relativ häufig vor. Große, alte Koi mit guter Hautqualität sind dagegen selten. Der Alterungsprozeß geht wie beim Menschen auch an einem Koi nicht spurlos vorbei, deshalb wird ein großer und alter Koi mit guter Hautqualität und guter Farbe hoch gewertet.

Was die Beschuppung betrifft, so sind Doitsugoi (Fische mit nur wenigen oder gar keinen Schuppen) bei der Färbung begünstigt und nicht selten sehr brillant gefärbt. Dagegen ist es wesentlich schwieriger, gut gefärbte Koi mit Schuppen zu züchten. Bei der Bewertung von zwei Fischen mit gleicher Farbqualität und unterschiedlicher Beschuppungsform wird deshalb von den Wertungsrichtern dem beschuppten Koi der Vorzug gegeben.

Welche Farben ein Koi haben soll, und wie sie angelegt sind, hängt von der Zuchtform ab, in die er einzuordnen ist.

Die Zeichnung

Die Zeichnung oder Musterung eines Koi ist ebenfalls abhängig von der Zuchtform und dort ersichtlich. Allgemein ist zu sagen, daß jeder mehrfarbige Koi ein Unikat in bezug auf seine Zeichnung ist. Die Zeichnung von Koi unterliegt weitgehend dem Geschmack und der Mode, deshalb haben sich auch die Standardvorschriften dazu im Laufe der Zeit schon mehrmals geändert.

Standard und Bewertung der einzelnen Zuchtformen

Kohaku

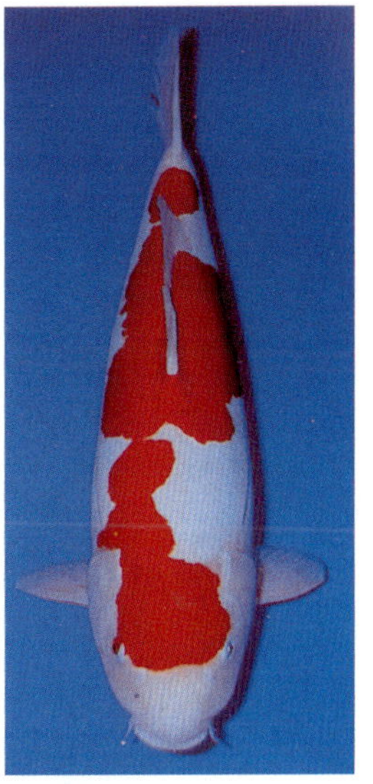

Doitsu-Kohaku, 58 cm, bester Doitsugoi auf der 14. All Japan Young Nishikigoi Show. (Foto: Z.N.A.)

Das japanische Wort Kohaku heißt Rot und Weiß und wird speziell für Koi gebraucht. Bei Goldfischen verwendet man für dieselbe Färbung dagegen das Wort Sarasa.

Kohaku sind in Japan die am meisten geschätzten Nishikigoi. Man bezeichnet den Kohaku dort als Königin der Nishikigoi.

Kohaku sind weiße Koi mit roter Zeichnung, und sie gehören auf japanischen Ausstellungen neben Taisho-Sanshoku und Showa-Sanshoku stets zu den Hauptpreisgewinnern. Man nennt diese drei Koizuchtformen "Die drei Großen" (Gosanke).

Die Beurteilung der Kohaku

Weiße Grundfärbung

Neben der allgemein gültigen Grundbewertung des Körpers (siehe Seite 19-22), spielt wie bei allen Nishikigoi mit weißer Basis-Körperfarbe hauptsächlich die weiße Haut eine wichtige Rolle. Das Weiß soll gleichmäßig schneeweiß über den ganzen Körper sein, nicht wolkig, gelblich, grau oder hellbraun. Es ist auch besonders darauf zu achten, daß die Kopfregion möglichst nicht gelblich oder bräunlich gefärbt ist. Das setzt den Wert eines Kohaku stark herab.

Qualität der roten Farbe, des sogenannten "Hi":

Die roten Muster (Hi-Muster) befinden sich auf dem Kopf und auf dem oberen Teil des Fischkörpers. Sie erstrecken sich beim Jungfisch im Idealfall zu beiden Seiten bis zur Laterallinie. Die Qualität eines großen Fisches drückt sich auch darin aus, daß das Rot teils bis unterhalb der Laterallinie reicht. Wichtig ist ein möglichst dunkles und glänzendes, homogenes Rot, das gleichmäßig durchgehend und nicht wolkig ist. Man unterscheidet zwei verschiedene Arten von Rot: Purpurrot und

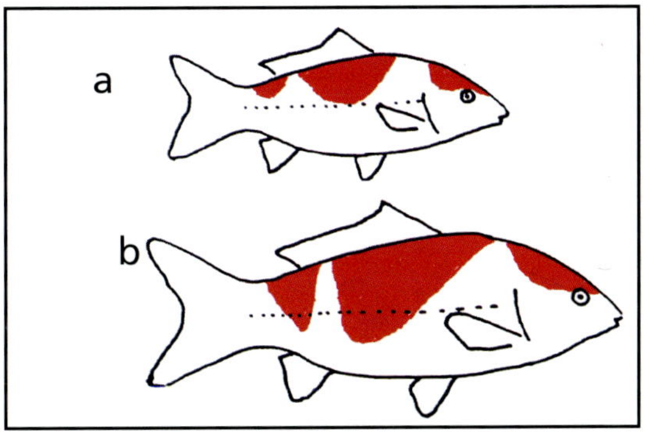

Bei kleinen (jungen) Kohaku (a) sollten die Rotmuster bis zur Laterallinie reichen
Die Qualität eines großen Kohaku (b) erkennt man auch daran, daß sich die roten Farbmuster bis unter die Laterallinie ziehen.

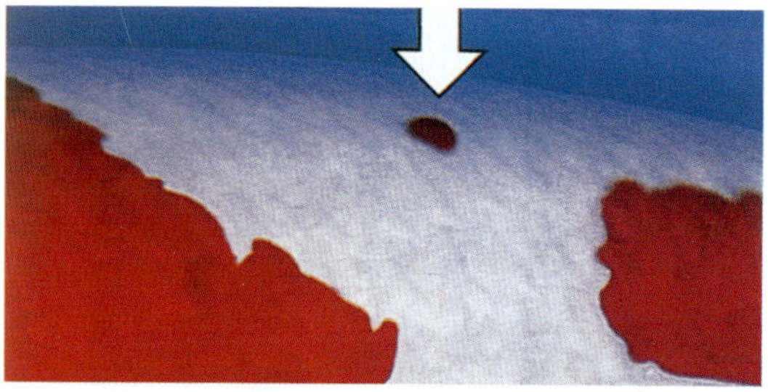

Eine kleine Fleckensprenkelung (Tobi-hi) - siehe Pfeil ist wertmindernd. (Foto: Z.N.A.)

ein bräunliches Orangerot. Letzteres tendiert leicht zum Aufhellen, es ist aber günstiger, denn es neigt nicht so stark wie das Purpurrot zu kleiner, unerwünschter Fleckensprenkelung, die die Japaner mit Tobi-hi bezeichnen.

Zeichnung

Man achte auf möglichst große und über den ganzen Körper ausgewogen verteilte Musterung. Bei der Beurteilung von kleinen Koi muß besonders auf große Muster Wert gelegt werden, weil die Muster mit zunehmendem Wachstum nicht proportional mitwachsen.

Nach der Anordnung der Muster unterscheidet man verschiedene Kohakuformen wie: Inazuma-Kohaku (Zickzack-Kohaku), Ippon-Hi-Kohaku (Kohaku mit durchgehendem Rot) und Danmono-Kohaku (Kohaku mit einer in Gruppen angeordneten Rotmusterung entlang des Körpers), hierzu gehören: Nidan-Kohaku (Zweifleck-Kohaku), Sandan-Kohaku (Dreifleck-Kohaku), Yondan-Kohaku (Vierfleck-Kohaku) und Godan-Kohaku (Fünffleck-Kohaku). Des weiteren kennt man: Goten-zakura-Kohaku (Kohaku mit Kirschblütenmuster), Kin-zakura-Kohaku (Goten-zakura, bei denen die roten Schuppen golden gesäumt sind), Napoleon-Kohaku (Kohaku mit dreieckigen Flecken, die dem Dreispitz Napoleons ähneln).

Außerdem wird nach der Anordnung des Kopfrot unterschieden in: Maruten-Kohaku (Kohaku mit separatem, rundem Fleck auf dem

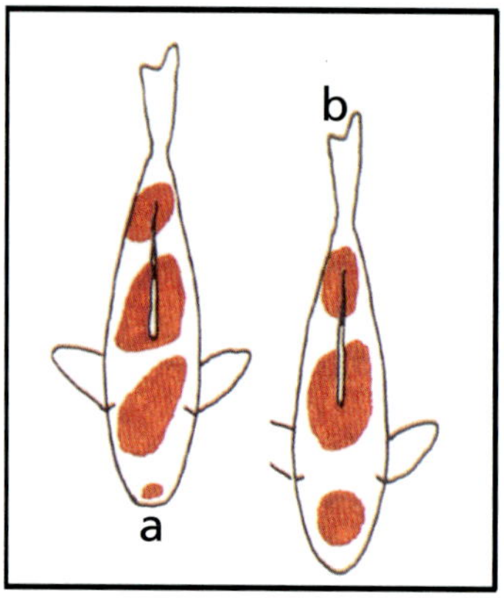

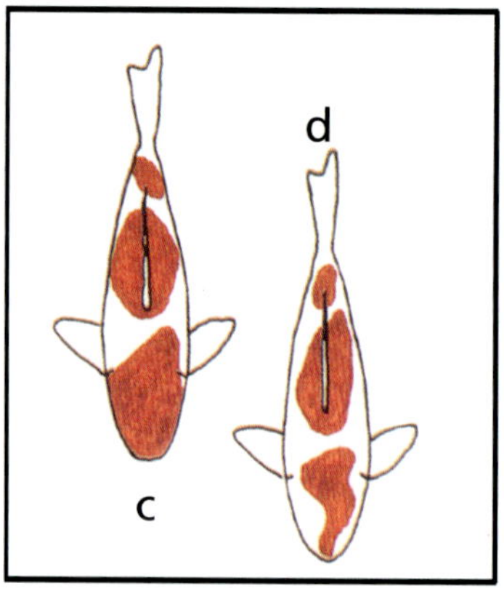

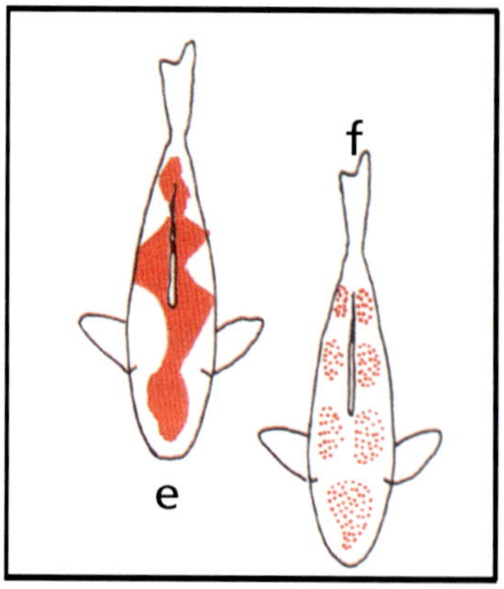

Verschiedene Kohakuformen: a) Kuchibeni b) Maruten

c) Menkaburi d) Hanatsuki

e) Inazuma f) Goten-zakura

Kopf), Menkaburi-Kohaku (Kohaku, bei dem sich die Rotfärbung über den ganzen Kopf erstreckt), Hanatsuki-Kohaku (Kohaku mit roter Kopfzeichnung bis zur Nasenspitze), Kuchibeni-Kohaku (Lippenfleck-Kohaku) und Fuji-Kohaku (Kohaku mit hübsch angeordneten, silberweißen Flecken (sogenannten Fuji) auf dem Kopf, die aber nicht beständig sind, sondern im Alter von zwei bis drei Jahren wieder verschwinden).

Musterbegrenzung bei Kohaku - Kiwa und Sashi

Die Abgrenzung der roten Muster auf dem weißen Grund soll möglichst scharf und klar sein. Dafür gibt es zwei japanische Ausdrükke: Man bezeichnet die Abgrenzungen in Richtung des Kopfes mit Kiwa und die in Richtung des Schwanzes mit Sashi.

Ein sauberes Kiwa ist im allgemeinen leichter zu erreichen als ein sauberes Sashi. Das Kiwa kann ganz klar begrenzt durch die Mitte der Schuppen gehen, gewöhnlich folgt es aber der Außenlinie der Schuppen. Letzteres nennen die Japaner Honzome oder Maruzome.

Das Sashi ist häufig nur eine verwaschene, rote Linie, weil die Schuppen des weißen Untergrundes durchscheinen. Die Qualität des Sashi ist also abhängig von der Dicke der Rotpigmentierung. Obwohl manchmal Koi mit nahezu keinem Sashi zu sehen sind, sollte man sich an die Ursprungsidee erinnern: Ein Kohaku ohne Sashi ist kein Kohaku.

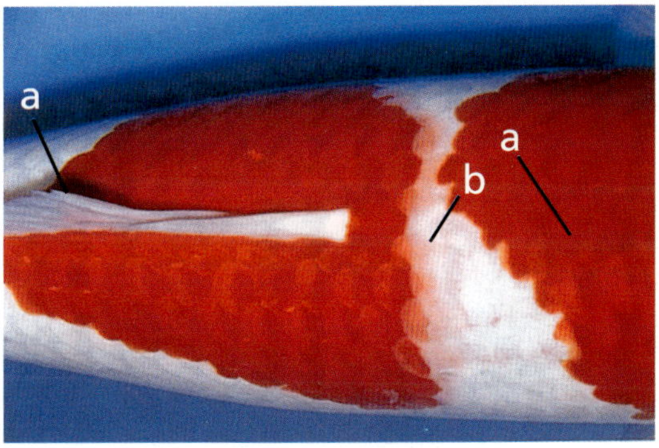

Die Musterbegrenzungen sollen möglichst scharf sein.
Die Japaner bezeichnen die Begrenzung in Richtung des Kopfes mit Kiwa (b) und die in Richtung des Schwanzes mit Sashi (a).
(Foto: Z.N.A.)

Kopfzeichnung

Mit Ausnahme des Fushi-Kohaku, muß ein Kohaku generell eine rote Kopfzeichnung tragen. Kohaku ohne Kopfrot werden Kahlkopf (japanisch Boze) genannt und sind wertlos, auch wenn sie noch so schöne Rotmuster auf dem Körper haben. Wertlos sind auch Kohaku, deren rote Muster sich außer auf dem Kopf nur auf dem vorderen Teil des Körpers befinden, während der ganze hintere Körper weiß ist. Solche Fische haben keinen ästhetischen Wert, und man nennt sie Bongiri. Das Rotmuster auf dem Kopf darf nicht zu klein sein und nicht erst zu weit hinten beginnen. Der ästhetische Eindruck eines solchen, zu weit nach hinten verschobenen Musters kann nur durch einen zusätzlichen Lippenfleck verbessert werden. Es ist weiterhin darauf zu achten, daß das Kopfrot

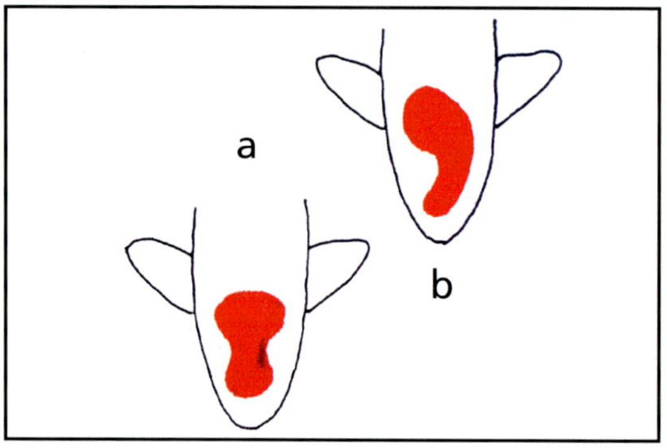

Ideale Rotmusterung auf dem Kopf:
a) in Form eines Schuhanziehers
b) in Form eines Schlüsselloches

weder die Augen noch das Kinn oder die Wangen bedeckt. Solche Fehler bezeichnet man als Mekazura. Bei einer roten Kopfmarkierung bis zum Maul, spricht man von Hanatsuki oder Tsukidashi.

Wenn sich das Rot aber über den ganzen Kopf zieht, nennt man es Menkabure. Menkabure sieht man als einen groben ästhetischen Fehler an. Ideal ist eine saubere Rotmarkierung auf dem Kopf in Form eines Schuhanziehers. Ein schönes, großes Kopfrot, das nicht die Augen berührt, wird als Kiro-yoshi (hübsches Gesicht) bezeichnet. Sehr begehrt ist das Maruten, eine große, weitgehend runde Kopfmarkierung.

Manche ziehen allerdings heute eine mehr asymmetrische Kopfzeichnung in Form eines Schlüssellochs oder ein diagonales Kopfmuster vor und behaupten, das sei ungewöhnlicher und attraktiver. Daran ist deutlich zu sehen, wie besonders die Zeichnung der Koi der Mode unterworfen ist.

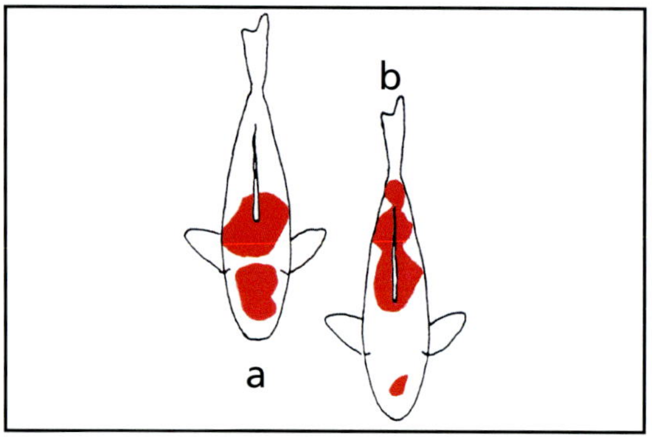

Schlechte Farbverteilung macht Kohakus wertlos:
a) Die Rotmusterung befindet sich nur auf dem vorderen Teil des Körpers.
b) Die Rotmusterung auf dem vorderen Teil des Körpers ist zu gering.

Körperzeichnung

Unter Körperzeichnung versteht man die Musterung, die sich auf dem Rücken des Koi von der Schulter bis zur Schwanzwurzel hinzieht.

Bei der Bewertung der Zeichnung bringt die Körperzeichnung wesentliche Punkte. Hier sind große und kräftige Flecke mit gutem Kiwa und Sashi (siehe Seite 25) von großer Wichtigkeit. Diese Flecken müssen gut auf dem ganzen Körper verteilt sein. Sie können symmetrisch oder auch asymmetrisch angeordnet sein. Bei asymmetrischer Lage müssen die Muster gut ausbalanciert sein. Nur einseitige Muster oder Muster, die sich nur auf dem Vorder- oder nur auf dem Hinterkörper befinden, führen zu sehr schlechter Beurteilung. Die Musterung muß über den ganzen Körper ausgeglichen sein: Nur einseitige Musterung nennt man Kata-moyo. Kohaku mit zu geringer Rotmusterung auf dem hinteren Teil des Körpers bezeichnet man als Shira-ga-kurai, während zu starke Fleckung auf dem hinteren Teil des Körpers Shira-ga-omoi heißt. Wegen der fehlenden Balance sind alle drei Varianten unerwünscht.

Dagegen kann eine ungewöhnliche und interessante Musterung eine hohe Bewertung erfahren, wenn sie ausgeglichen und anmutig ist. Besonders bei großen Fischen müssen die Rotmarkierungen weit an den Körperseiten bis über die Laterallinie hinunterreichen. Als sehr wertvoll wird eine weiße Unterbrechung zwischen dem Kopf- und dem Körperrot eingeschätzt.

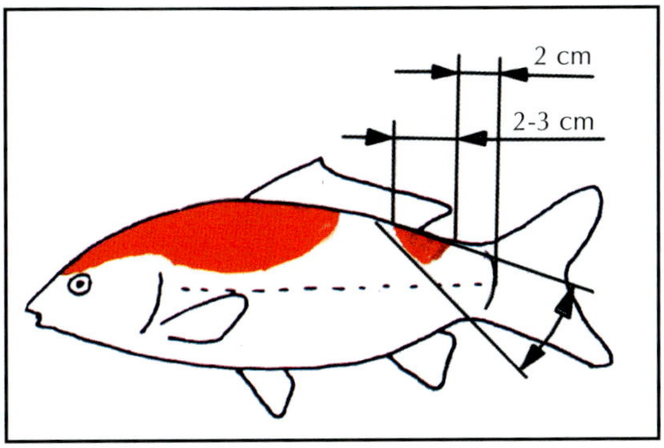

Die letzte Rotmarkierung soll etwa 2-3 cm lang sein und eine etwa 2 cm lange, weiße Stelle vor der Schwanzflosse freilassen. Die Rotzeichnung soll einen spitzen Winkel bilden.

Wenn sich die Zeichnung durchgehend vom Kopf zum Körper fortsetzt, sollte das Muster statt dessen möglichst eine Einschnürung in der Nähe der höchsten Körperstelle haben. Ein nur gerades, monotones Muster mindert den ästhetischen Wert des Koi.

Der Kontrast zwischen dem weißen Grund und den Rotmarkierungen von der Schulter entlang des Körpers ist ein besonderer Blickfang, deshalb bringen schneeweiße Grundfarbe und leuchtend rote Markierungen große Wertschätzung.

Generell soll bei großen Kohaku die letzte, etwa zwei bis drei Zentimeter große Rotmusterung auf dem Körper nur bis etwa zwei Zentimeter vor der Schwanzwurzel reichen. Die Japaner nennen dieses Merkmal Odome oder Ojime.

Bei Zweifleck-, Dreifleck-, Vierfleck- und Fünffleck-Kohaku wird die Fleckung als Kuragake bezeichnet. Kura heißt Sattel und bezieht sich auf die einzelnen, gleich einem Sattel auf dem Rücken aufliegenden Flecke.

Flossen

Alle Flossen der Kohaku dürfen keine Farbe zeigen. Ein kleines Moto-hi (Rotfärbung an der Brustflossenbasis), ist ebenfalls nicht wünschenswert. Es kann aber unter besonderen Umständen, nämlich, wenn das Moto-hi mit einer Rotmarkierung des Körpers zusammenhängt, toleriert werden. Größere Rotfärbungen an den Flossen, die man mit Niban-hi (sekundärem Rot) bezeichnet, entwerten den Fisch. Ein Kohaku mit etwas Schwarz an der Brustflossenbasis ist ohne Wert und wird abgewertet.

Eine Rotmarkierung an den Brustflossen (Moto-hi) ist bei Kohaku unerwünscht. (Foto: Z.N.A.)

Wann ist ein Kohaku ausstellungsreif?

Selbst, wenn ein Kohaku die richtige Körperform, gute Farbe und Zeichnung hat, ist es möglich, daß er sich nicht entsprechend plazieren kann. Man sagt dann häufig, er ist noch nicht fertig (not finished).

Das bedeutet, daß seine Färbung noch nicht den richtigen Glanz hat. Bestenfalls bezeichnen ihn dann die Bewerter als Tategoi.

Ein gesunder Koi hat ein glänzendes, jugendliches Glühen, daß die Japaner mit Teri (Schein, Glanz) oder Tsuga (Glanz) bezeichnen. Dagegen erscheinen die Rotmuster eines nicht gesunden Koi derselben Qualität stumpf und glanzlos.

Der Glanz entsteht durch eine intakte Schleimschicht, die von den Schleimzellen der Haut produziert wird und den Körper eines gesunden Koi bedeckt. Die Schleimschicht schützt den Körper vor Bakterien und Parasiten. Gleichzeitig läßt sie das Licht an der Körperoberfläche reflektieren, wodurch der Glanz der Farben eines gesunden Koi wesentlich erhöht wird.

Wenn die Kondition oder die Gesundheit eines Koi gestört ist, dann ist auch die Schleimsekretion gestört, und die Farben sind stumpf. Deshalb ist das Wichtigste für die Schönheit eines Koi die Erhaltung seiner Gesundheit durch optimale Aufzucht und Hälterung.

Taisho-Sanshoku

Taisho-Sanshoku sind dreifarbige Nishikigoi (san = drei, shoku = Farbe) mit roten und schwarzen Mustern auf weißem Grund, die in Niigata und Umgebung auch lange Zeit als Sanke bezeichnet wurden.

Der Taisho-Sanshoku ist nach dem Kohaku die populärste, aber auch schwierigste Koizuchtform. Ein guter Taisho-Sanshoku ist schwieriger zu züchten als ein Kohaku. Wie bei letzterem ist zunächst auf schneeweiße Grundfarbe zu achten, dann folgt die Rotmusterung. Am schwierigsten ist die vollendete, zusätzliche Schwarzfleckung.

Oft bestehen Schwierigkeiten in der Unterscheidung von Taisho-Sanshoku und Showa-Sanshoku. Beide Formen sind dreifarbig, aber Showa-Sanshoku haben eine schwarze Grundfarbe mit weißen und roten Mustern. Die Grundfarbe ist zu erkennen, wenn man den Bauch der Tiere betrachtet. Dieser ist bei Taisho-Sanshoku weiß und bei Showa-Sanshoku schwarz. Eine Ausnahme stellt manchmal der

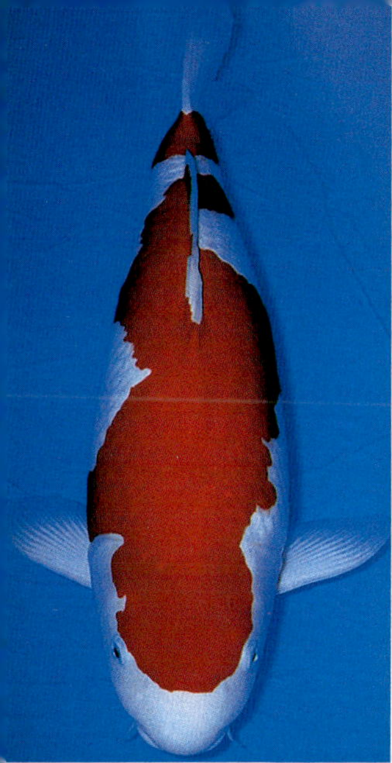

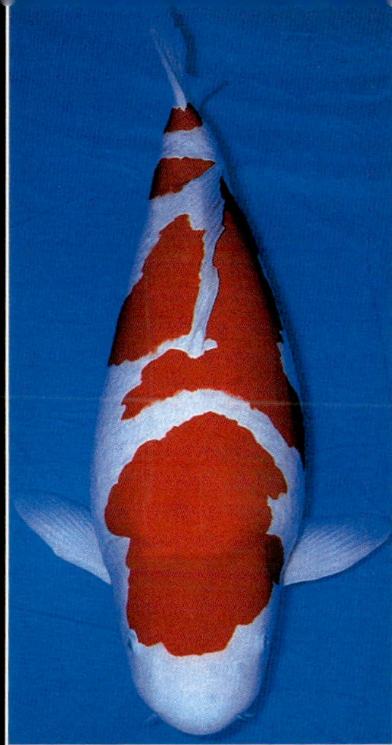

Inazuma-Kohaku, 75 cm. Dieser Kohaku war der beste Koi in dieser Größenklasse auf der 33. All Japan Show 1997 und erhielt den Rin'oh-Preis. (Foto: Z.N.A.)

Yondan-Kohaku, 75 cm. Er erhielt den 3. Preis aller Koi in der Größenklasse 75 cm auf der 33. All Japan Show 1997 (Foto: Z.N.A.)

Sandan-Kohaku, 80 cm, wurde als bester Koi seiner Größenklasse mit dem Rin'oh-Preis auf der 33. All Japan Show 1997 ausgezeichnet (Foto: Z.N.A.)

Sandan-Kohaku, 55 cm, erhielt den Rin'oh-Preis als bester Koi in der Größenklasse 55 cm auf der All Japan Show 1997 (Foto: Z.N.A.)

Sandan-Kohaku, über 80 cm, wurde als bester Koi über 80 cm Grand Champion der 33. All Japan Show 1997 (Foto: Z.N.A.)

sogenannte Kindai-Showa dar. Das ist eine neuere Showa-Züchtung mit sehr viel Weiß. Hier ist eine Differenzierung nicht ganz so einfach.

Das wesentliche Unterscheidungsmerkmal zwischen Showa-Sanshoku und Taisho-Sanshoku ist, daß beim Showa-Sanshoku die schwarzen Flecken meistens größer sind als beim Taisho-Sanshoku, und daß Showa-Sanshoku Schwarz auf dem Kopf tragen, was bei Taisho-Sanshoku nicht zugelassen ist.

Die Beurteilung der Taisho-Sanshoku

Bei der Bewertung eines Taisho-Sanshoku beurteilt man in folgender Reihenfolge:

- Die Form, wie bei allen Koi,
- den weißen Untergrund,
- die Qualität des Rot (Hi),
- die Qualität des Schwarz (Sumi),
- die Zeichnung.

Taisho-Sanshoku, 45 cm, wurde Grand Champion der 32. All Japan Show 1996

(Fotos: Z.N.A.)

Taisho-Sanshoku, 75 cm, wurde Mature Champion und erhielt den Rin´oh-Preis auf der 33. All Japan Show 1997

Taisho-Sanshoku, 55 cm, belegte den 1. Platz der Größenklasse 55 cm auf der 33. All Japan Show 1997

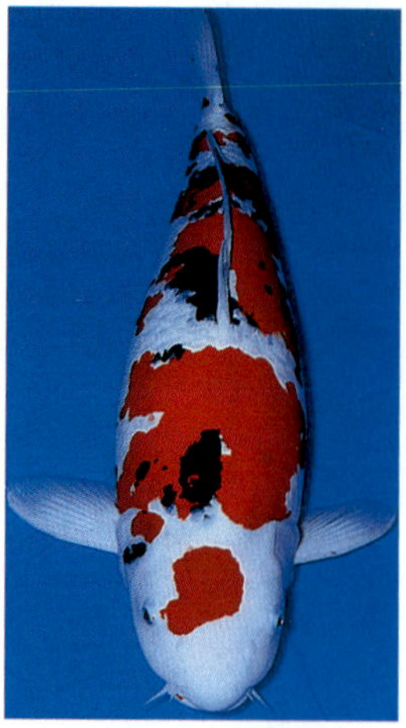

Taisho-Sanshoku, 75 cm, errang den 1. Platz der Taisho-Sanshoku in seiner Größenklasse und den 2. Platz aller Koi auf der 33. All Japan Show 1997

Weiße Grundfärbung

Wie beim Kohaku ist auch beim Taisho-Sanshoku der weiße Grund extrem wichtig. Es wird eine schneeweiße Grundfarbe vom Kopf bis zum Schwanz gefordert. Keinesfalls darf ein schmutziges oder bräunliches Weiß geduldet werden.

Qualität des Rot (Hi)

Auch für das Rot werden beim Taisho-Sanshoku dieselben Ansprüche wie beim Kohaku gestellt. Vor allem ist auf ausreichende Dicke der roten Farbpigmentierung zu achten.

Qualität des Schwarz (Sumi)

Die schwarzen Farbpigmente des Taisho-Sanshoku sollen ebenfalls dick sein. Die tiefschwarze Fleckung muß scharf begrenzt sein und wie Lack glänzen.

Die Zeichnung (Rot- und Schwarzmusterung)

Bei der Beurteilung der richtigen Rot- und Schwarzzeichnung darf man sich durch die vorhandenen drei Farben nicht irre machen lassen. Es gibt eine einfache Regel, um die Qualität der Zeichnung eines Taisho-Sanke richtig zu beurteilen:

- Denkt man sich alle Schwarzmuster weg, so muß die verbleibende Rotmusterung der eines guten Kohaku entsprechen. Alle beim Kohaku zugelassenen Mustervarianten sind auch hier möglich.
- Denkt man sich alle Rotmuster weg, so muß die verbleibende Schwarzmusterung der eines guten Shiro-Bekkos entsprechen. Damit ist auch gleichzeitig gesagt, daß ein Taisho-Sanshoku keine Schwarzzeichnung auf dem Kopf haben darf.

Sowohl die Rot-, als auch die Schwarzmuster müssen ein gutes Kiwa und ein gutes Sashi haben, d.h. eine möglichst rundum scharfe Begrenzung.

Im Idealfall sollen die roten Muster eines Taisho-Sanshoku am Kopf beginnen und sich bis zum Ojime (kurz vor der Schwanzwurzel) hinziehen. Als ideal gilt auch, daß sich rote und schwarze Muster eines Taisho-Sanshoku möglichst nicht überlappen. Einen solchen Koi nennt man Hanabatake-Sanshoku. Diese sind sehr selten, und man hat deshalb für die Lage der schwarzen Muster zwei Fachausdrücke: Tsobu-zumi und Kasane-zumi. Schwarze Muster (Sumi-Muster), die auf weißem Grund liegen, werden Tsubo-zumi genannt

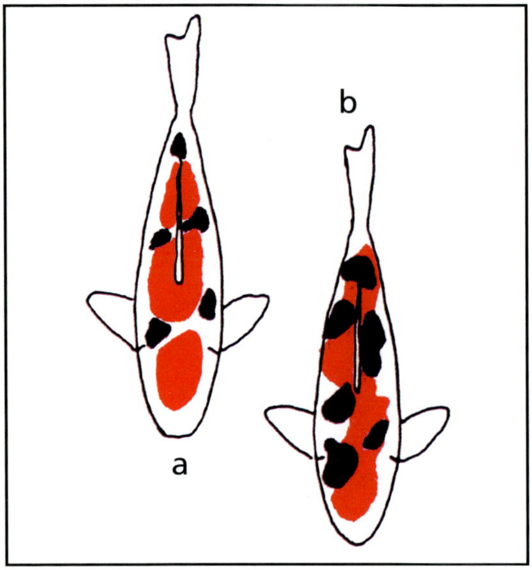

a) Als generelle Regel gilt: Ein Taisho-Sanshoku darf kein Schwarz auf dem Kopf haben.
b) Ein Taisho-Sanshoku mit durchgehendem Rot bis zum Ojime.

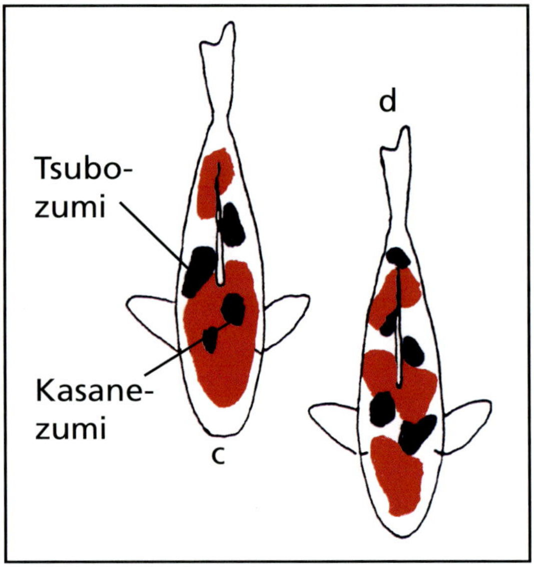

c) Man unterscheidet zwei verschiedene Arten von Schwarz.
d) Der Kontrast von weißer Grundfarbe, Hi und Tsubo-zumi auf der Schulter machen die Schönheit dieses Koi aus.

und solche die sich auf roter Musterung befinden, heißen Kasane-zumi.

Man zieht oft das Tsubo-zumi vor, weil dieses stabiler ist und nicht die Tendenz besitzt sich aufzulösen. Dagegen wird behauptet, daß sich Kasane-zumi leicht auflöse, wenn der Koi wächst. Das hängt jedoch von der Qualität des Sumi ab, sowohl Tsubo-zumi, als auch Kasane-zumi lösen sich nicht auf, wenn die Fleckung tiefschwarz ist.

Wie beim Kohaku gibt es in seltenen Fällen auch beim Taisho-Sanshoku Fische mit durchgehendem Rot. In diesem Fall ist natürlich meistens nur Kasane-zumi vorhanden.

Als ideale Anordnung des Sumi gilt ein großes Tsubo-zumi auf der rechten oder linken Schulterseite. und weitere, gut ausbalancierte Sumi-Markierungen auf dem Körper. Der schöne Farbkontrast auf der Schulter zwischen dem weißen Grund, der Rotmusterung und dem Tsubo-zumi ist oft entscheidend für den Preis eines Taisho-Sanshoku.

Beim Taisho-Sanshoku ist eine gute Sumi-Qualität und eine ausgeglichene Anordnung der Sumi-Flecken sehr wichtig. Meistens sieht es eleganter aus, wenn nur eine begrenzte Anzahl von Sumi-Markierungen vorhanden ist. Kleine, über den ganzen Körper verstreute Sumi-Flecken müssen abgelehnt werden. Undeutliche und verschwommene Sumi-Flecken haben keinen Wert.

Die Flossen

Als Standardfärbung galt bisher, daß ein Taisho-Sanshoku zwei bis drei schwarze Streifen auf den Flossen hat. Diese ziehen sich, an der Flossenbasis beginnend, bis zum Flossenende hin. Die Streifen sollen dünn und wie mit einem feinen Pinsel gezogen sein.

Es ist unschön und macht einen Koi unattraktiv, wenn sich besonders auf den Brustflossen und in der Schwanzflosse zu viel Schwarz breit macht. In solchen Fällen sind reinweiße Flossen besser. Man sagt, daß schwarze Streifen in den Flossen auf Abstammung aus einer Sanshoku-Blutlinie hindeuten, während Fische mit weißen Flossen aus einer Kohaku-Linie stammen.

Neuerdings hat sich diese Ansicht geändert, und man verlangt weiße Brustflossen.

Manchmal befindet sich auf den Pectoralen (Brustflossen) eine Schwarzfärbung in Form eines Moto-guro (Schwarzfleckung an der Brustflossenbasis). Diese Fleckung entspricht aber nicht dem Standard eines Taisho-Sanshoku, sondern ist die Ideal-Flossenfärbung eines Showa-Sanshoku. Darauf sollte man schon beim Selektieren der Jungfische achten.

Showa-Sanshoku

Showa-Sanshoku wurden ursprünglich durch Kreuzung von Ki-Utsuri mit Kohaku herausgezüchtet. Es sind ebenfalls dreifarbige Koi, der Standard ist aber unterschiedlich zu dem der Taisho-Sanshoku:

Während sich beim Taisho-Sanshoku rote und schwarze Muster auf einem weißen Grund befinden, sind es beim Showa-Sanshoku rote und weiße Markierungen auf schwarzer Basisgrundfarbe.

Im allgemeinen kann man sagen, Showa-Sanshoku haben 80 bis 90% Schwarz (Sumi) und Rot (Hi), und die verbleibenden 10 bis 20% sind Weiß (Shiro).

Einen normalen Showa-Sanshoku erkennt man auch daran, daß die untere Körperpartie von der Bauchseite her schwarz ist. Allerdings gibt es auch eine relativ neue, sehr begehrte Showa-Form, den Kindai-Showa (Modernen Showa). Dieser hat ähnlich wie der Taisho-Sanshoku sehr viel Weiß, das sich sogar auf dem Bauch be-

Ein Showa-Sanshoku mit ausgeprägtem Motoguro ist ein sehr hochwertiger Koi.

Kindai-Showa, 55 cm, erhielt den 1. Platz der Showa in der Größenklasse 55 cm und den 3. Platz aller Koi in dieser Größenklasse auf der 33. All Japan Show 1997

Dieser Showa-Sanshoku ist ein Spitzentier. Er zeigt sehr klare und scharf abgegrenzte Farben. (Fotos: Z.N.A.)

finden kann. Deshalb spricht man bei diesen Fischen fälschlicherweise oft von einem "wunderschönen weißen Grund".

Im Zweifelsfall sollte man sich beim Unterscheiden von Taisho-Sanshoku und Showa-Sanshoku das Schwarz genau betrachten. Das Schwarz unterscheidet sich immer: Beim Taisho-Sanshoku ist es stets zerstreut und nicht so zusammenhängend wie beim Showa.

Durch die Kindai-Form hat der Showa infolge der nahezu gleichgroßen, brillanten Farbverteilung von Rot, Weiß und Schwarz sehr viele neue Anhänger bekommen. Besonders das Schwarz ist beim Kindai-Showa großflächiger und brillanter als das des Taisho-Sanshoku.

Sollten trotz allem noch Zweifel bestehen, ob es sich um einen Taisho-Sanshoku oder um einen Showa-Sanshoku handelt, so betrachte man die Kopffärbung: Ein Showa-Sanshoku muß eine schwarze Kopfmarkierung haben, während ein Taisho-Sanshoku kein Schwarz auf dem Kopf tragen darf.

Qualität und Anordnung des Schwarz (Sumi)

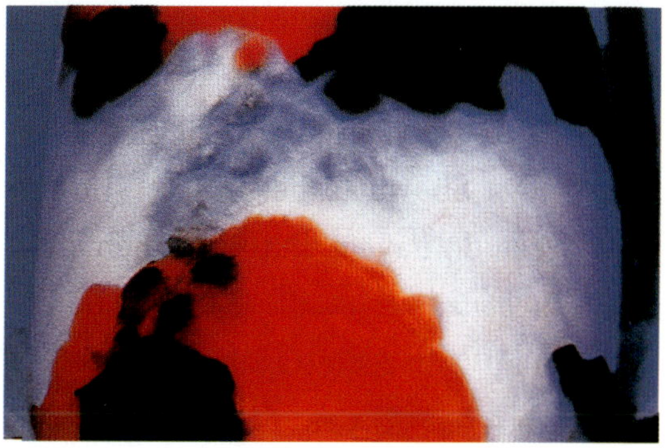

Dieses, unter den Schuppen liegende, verschwommene Schwarz wird Shizumi-zumi genannt. Es kann sich in Zukunft zu guter Schwarzqualität (Honzumi) entwickeln. (Foto: Z.N.A.)

Sumi-Qualität

Es werden zwei verschiedene Schwarzqualitäten beim Showa-Sanshoku unterschieden:

- Ein Schwarz, das von der Asagi-Blutlinie her stammt: Dieses ist zunächst tief indigoblau und dunkelt später, wenn der Koi heranwächst, zu einem Tintenschwarz nach. Auch tiefer unter den Schuppen liegendes, zunächst verschwommenes, bläuliches Schwarz entwickelt sich allmählich beim Wachsen des Koi meistens zu guter Schwarzqualität. Man schätzt ein solches Schwarz aus der Asagi-Blutlinie als sehr stabil ein. Die Japaner nennen es Honzumi.

- Und ein Schwarz, das zur Wildkarpfen-Blutlinie gehört und von wesentlich schlechterer Qualität ist: Es hat die Farbe eines matten Stahlblau und ist meistens nicht zufriedenstellend. In Japan bezeichnet man dieses Schwarz als nabe-zumi (Schwarz einer verkohlten Pfanne) oder als doro-zumi (schlammfarben).

Man sollte unbedingt das Sumi der Asagi-Blutlinie vorziehen. Ein Schwarz von schlechter Qualität kann so unstabil sein, daß es bei starkem Licht so aufhellt, daß z.B. der Besitzer eines solchen Koi seinen Fisch auf einer Ausstellung nicht wiedererkennt, obwohl der Fisch zu Hause im Teich noch ganz normal ausgesehen hat.

Wichtig ist, daß das Schwarz der Showa-Sanshoku sehr gleichmäßig, dicht, konzentriert und von glänzender Farbe ist. Ein schlechtes, fleckiges Schwarz nennen die Japaner boke (fleckig). Im allgemeinen ist das Kiwa des Schwarz beim Showa nicht so scharf wie beim Taisho-Sanshoku. Ein gutes Kiwa ist häufiger bei jungen Tieren, aber sehr selten bei großen. Man muß aber auch berücksichtigen, daß Showa-Sanshoku in ihrer geschichtlichen Entwicklung wesentlich jünger als Taisho-Sanshoku sind. Es ist zu erwarten, daß sich die Qualitätssteigerung weiter fortsetzen wird.

Sumi-Musterung

Bezüglich der Schwarzmusterung auf dem Kopf werden zwei Basisformen unterschieden:

- Sogenanntes Menware oder Hachiware, bei dem sich eine Schwarzmarkierung im Zick-Zack oder diagonal über die Rot-

八 Chinesisches Schriftzeichen für „acht“ (Hachi)

人 Chinesisches Schriftzeichen für „Mensch“ (Hito)

markierung des Kopfes von der Nasenspitze nach hinten hinzieht, um sich mit dem Schwarz auf der Schulter zu vereinen.

- Eine kombinierte Schwarzzeichnung bestehend aus einem schwarzen Fleck auf der Nase und einer Schwarzmusterung in Form des chinesischen Schriftzeichens für "acht" (Hachi) oder für "Mensch" (Hito). Unserem Verständnis näherliegend bezeichnet man diese Schwarzmusterung auch als "V-förmig". Beide Kopfmusterungen sind sehr attraktiv.

Ein völlig schwarzer Kopf mindert den Wert eines Showa-Sanshoku stark. Dagegen kann Weiß auf dem Kopf und an den Kopfseiten (Wangen) den ästethischen Wert verfeinern. Showa-Sanshoku neigen zu Kopfverformungen (flacher, konkaver oder anderweitig deformierter Kopf). Darauf muß man besonders achten, da sich solche Fehler oft unter Schwarz verbergen und übersehen werden.

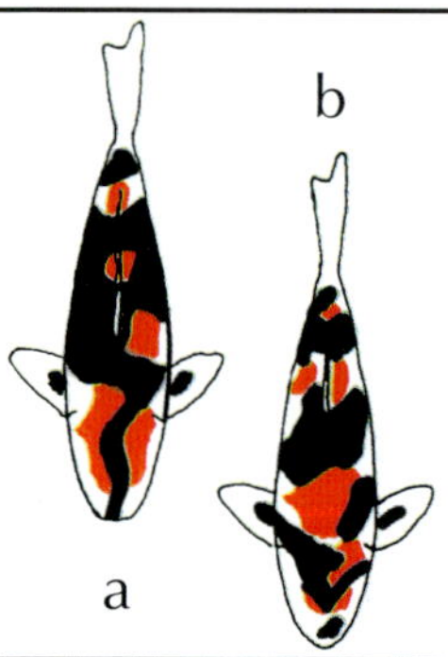

Die beiden typischen Formen der schwarzen Kopfmusterung bei Showa-Sanshoku

a) Eine solche schwarze Kopffärbung wird Menware-Sumi genannt. Sie ist typisch für Originalformen von Showa-Sanshoku mit viel Schwarz.

b) Bei diesen Showa-Sanshoku ist deutlich die V-förmige schwarze Kopfzeichnung zu sehen.

Das Rot und die Rotmusterung

Das ursprüngliche Rot der Showa-Sanshoku ist infolge des Einkreuzens von Ki-Utsuri gelblich. Erst seit etwa 1965 gelang es Herrm Tomiji Kobayashi durch erneutes Einkreuzen von Kohaku das Rot der Showa-Sanshoku wesentlich zu verbessern. So gibt es heute sowohl Showa mit der alten, gelblichen und solche mit der neuen, glänzenden Rotfärbung. Es ist sehr schwierig, das gelbliche Rot zu verbessern, und es wird noch lange dauern, bis sich das bessere Rot überall durchgesetzt hat.

Im allgemeinen wird die Rotqualität der Showa genau so gewertet wie bei Kohaku und Taisho-Sanshoku beschrieben: Die Rotpigmentation soll gleichmäßig, dick und konzentriert sein.

Die weiße Musterung

Es wird angestrebt, daß das Weiß der Showa klarweiß, wie das der Kohaku und Taisho-Sanshoku ist. Noch ist es aber häufig ein gelblich eingefärbtes Milchweiß.

Die Proportion von Schwarz, Rot und Weiß

Die Farbaufteilung der klassischen Showa-Sanshoku beträgt etwa 80 bis 90% Schwarz und Rot und nicht mehr als 10 bis 20% Weiß.

Showa der Neuzeit, die sogenannten Kindai-Showa, weichen von dieser Farbverteilung ab. Sie haben wesentlich mehr Weiß und qualitativ sehr gute Rot- und Schwarzmusterung. Dadurch ist der eigentliche Charakter der Showa verloren gegangen, aber eine Menge neuer Interessenten wurden für diese Zuchtform gewonnen.

Die Flossen

Abweichend von Taisho-Sanshoku, die nur schwarze Streifen auf den Pectoralen (Brustflossen), bzw. nach neuester Mode reinweiße Brustflossen haben, tragen die Showa ein sogenanntes Motoguro. Motoguro ist eine Schwarzfärbung an der Basis der Brustflossen.

Showa-Sanshoku mit weißen Brustflossen oder mit nur einer Flosse mit Motoguro werden nicht disqualifiziert, obwohl die allgemeine Balance gestört ist. Sehr unschön sind auch völlig schwarze Brustflossen.

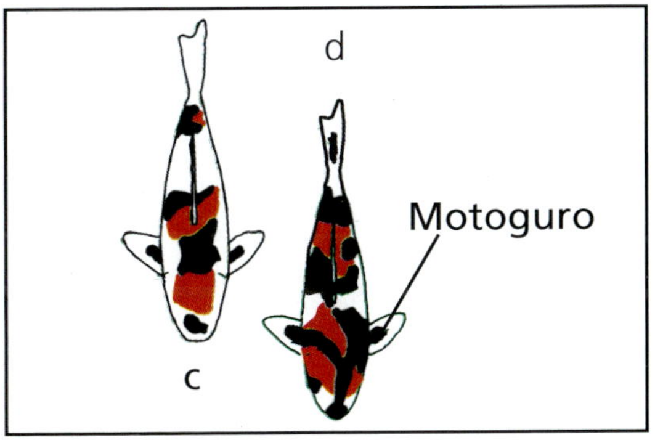

c) Ein Kindai-Showa hat wie der Taisho-Sanshoku viel Weiß.

d) Showa-Sanshoku mit viel Motoguro auf den Pectoralen sind oft von hoher Qualität, aber es gibt auch sehr exzellente Showa ohne Motoguro.

Bekko

Zweifarbige Koi mit schwarzen Flecken auf weißer, roter oder gelber Grundfarbe heißen Bekko. Entsprechend nennt man sie Shiro-Bekko, Aka-Bekko oder Ki-Bekko. Außerdem treten diese Formen noch mit veränderter Beschuppung als Doitsu-Bekko auf.

Es ist wichtig, daß man Bekko von den ebenfalls zweifarbigen Utsuri unterscheiden kann. Utsuri (siehe dort) sind schwarze Koi mit weißen, roten oder gelben Mustern. Sie stammen aus der Zucht von Showa-Sanshoku. Utsuri tragen eine schwarze Kopfzeichnung. Bekko dürfen dagegen kein Schwarz auf dem Kopf und unterhalb der Seitenlinie haben.

Shiro-Bekko, 50 cm, wurde bester Bekko auf der 32. All Japan Show 1996 (Foto: Z.N.A.)

Shiro-Bekko, 35 cm, bester Bekko der Größe 35 cm auf der 32. All Japan Show 1996 (Foto: Z.N.A.)

Shiro-Bekko

Shiro-Bekko (Weiße Bekko) stammen aus der Taisho-Sanshoku-Zucht. Es sind Taisho-Sanshoku ohne Rotmarkierungen, die Schwarzmarkierungen sind auf weißem Grund angeordnet.

Farbe

Der Kontrast zwischen Weiß und Schwarz macht die Schönheit dieser Koi aus. Als Grundfarbe wird ein reines Schneeweiß ohne schmutzigen oder bräunlichen Anflug gefordert. Es ist besonders auf reinweißen Kopf zu achten, da dieser oft zur Gelbfärbung tendiert.

Die Schwarzpigmentierung soll in ihrer Qualität dem Taisho-Sanshoku entsprechen: Dick, gleichmäßig lackschwarz glänzend und scharf begrenzt.

Wichtig ist, daß sich auf einem Shiro-Bekko auch nicht das geringste Rot befindet, denn dann handelt es sich um einen Taisho-Sanshoku mit zu wenig Rot.

Zeichnung

Die erste größere, schwarze Markierung beginnt auf oder in der Nähe der Schulter. Die weitere Schwarzfleckung soll gut ausballanciert auf dem Körper folgen. Die schwarzen Markierungen müssen im Größenverhältnis zum Körper passen. Sie sollen weder zu groß noch zu klein sein. Wie beim Taisho-Sanshoku gilt auch beim Bekko als generelle Regel, daß sich kein Schwarz auf dem Kopf befindet.

Flossen

Es gilt als elegant, wenn sich auf den Brustflossen wie beim Taisho-Sanshoku zwei bis drei feine, schwarze Streifen befinden. Oft erscheinen auch einige Streifen auf der Rücken- und der Schwanzflosse.

Aka-Bekko, 25 cm, errang den 2. Platz in der Bekko-Größenklasse 25 cm auf der 32. All Japan Show 1996 (Foto: Z.N.A.)

Aka-Bekko

Ein Aka-Bekko ist ein Roter Bekko, der ebenfalls der Taisho-Sanshoku-Linie entstammt. Er ist praktisch ein Aka-Sanshoku ohne Weiß. Beim Aka-Bekko befindet sich die Schwarzfleckung auf reinrotem Grund. Bezüglich der Zeichnung gelten alle Voraussetzungen wie beim Shiro-Bekko.

Ki-Bekko

Ki-Bekko sind sehr selten. Es sind entsprechend schwarz gefleckte Koi mit gelber Grundfarbe, die aber nicht aus der Taisho-Sanshoku-Linie stammen.

Utsurimono

Utsuru heißt so viel wie bewegen, wechseln, sich verändern. Der Name Utsurimono sagt aus, wie das Schwarz (Sumi) erscheint und sich teilweise ändert.

Utsuri sind Koi aus der Asagi-Linie mit schwarzer Körpergrundfarbe und weißen, roten oder gelben Flecken. Entsprechend bezeichnet man diese Utsurimono als Shiro-Utsuri, Hi-Utsuri, Ki-Utsuri oder bei entsprechender Beschuppungsform auch als Utsuri-Doitsu.

Gin-Shiro-Utsuri und Kin-Ki-Utsuri ordnet man wegen ihres Glanzes in Hikari-Utsuri und Kage-Utsuri mit den Körpergrundfarben weiß, rot oder gelb in die Kawarimono ein.

Wie bei den Showa-Sanshoku (Kindai-Showa) sieht man auch bei den Shiro-Utsuri in letzter Zeit viele Fische mit sehr viel Weiß.

Exquisiter Shiro-Utsuri (Foto: Z.N.A.)

Shiro-Utsuri (Weiße Utsuri)

Es gibt zwei Wege der Utsuri-Zucht: Während einige Züchter solche Fische aus der Showa-Sanshoku-Zucht auswählen, die kein Rot aufweisen, gibt es auch gewissenhafte Züchter, die sich auf Shiro-Utsuri spezialisieren und versuchen, diese reinerbig zu züchten, indem sie Shiro-Utsuri Weibchen mit Shiro-Utsuri-Männchen verpaaren.

Äußerlich kann man die Herkunft der Fische kaum unterscheiden, als Ausstellungsfische können beide Formen hohe Qualität haben. Vom züchterischen Standpunkt her sind letztere natürlich wesentlich wertvoller. Während die aus Showa-Sanshoku selektierten Fische bei der Weiterzucht immer wieder Fische mit Rot (auch mit schlechtem und zu wenig Rot) produzieren, ist die Nachzucht aus Shiro-Utsuri mal Shiro-Utsuri natürlich qualitativ besser. Bei solchen Fischen braucht man nicht zu befürchten, daß beim Heranwachsen Rot erscheint, denn Fische mit zusätzlichem Rot müssen als Showa-Sanshoku bezeichnet werden.

Die Sumi-Grundfarbe

Ein Utsuri mit einer klaren, V-förmigen Sumi-Markierung auf dem Kopf ist heutzutage selten. (Foto: Z.N.A.)

Bei der Beurteilung von Shiro-Utsuri ist besonders auf glänzendes Schwarz (Urushi-zumi) zu achten. Ein qualitativ gutes Schwarz hat eine hohe Dichte und ein extrem scharfes Kiwa (Farbbegrenzung in Richtung Schwanz), es soll gleichmäßig und von gutem Glanz sein und nicht dazu neigen, sich zu ändern.

Schlechte Schwarzqualität ist gekennzeichnet durch: schlechtes Kiwa, verstreute Sumi-Flecken (Jari-zumi) und mattes und bräunliches Schwarz ohne Glanz (Nabe-zumi). Es neigt außerdem dazu, sich zu ändern. Man sagt, daß das Sumi eines Shiro-Utsuri etwa vier Jahre braucht, bis es fertig ist. Unmengen Schwarz auf dem Kopf sind nicht populär. Als ideal bezeichnet man einen Sumi-Fleck auf dem Maul und eine "V"förmige Sumi-Markierung über der Schulter in Richtung auf den Kopf zu. Ein "V" gibt es im Japanischen und Chinesischen nicht, deshalb bezeichnen diese Völker eine solche Form nach einem "Kanji" (chinesischem Schriftzeichen) für Mensch.

Um ein zu schweres Sumi auf dem Kopf zu vermeiden, reicht auch allein das Kanji aus. Allgemein ist darauf zu achten, daß keine körperlichen Mängel, wie Deformationen u. ä. vom Schwarz überdeckt werden.

Die weißen Muster

Das Weiß der Shiro-Utsuri sollte ebenfalls von klarer und guter Qualität sein. Besonders das Weiß auf dem Kopf ist sehr wichtig. Ein Koi mit bernsteinfarbenem oder bräunlichem Kopf verliert die Hälfte an ästhetischem Wert.

Wie bereits erwähnt, geht man heute beim Shiro-Utsuri von zu viel Schwarz auf dem Körper ab und liebt statt dessen mehr weiße Flecken auf wohlgeformtem schwarzen Grund, weil man das eleganter findet. Ein Zeichen, daß die Standards der Mode unterworfen sind.

Die Flossen

Der Standard verlangt beim Shiro-Utsuri wie beim Showa-Sanshoku das sogenannte Motoguro. Darunter versteht man eine Sumi-Markierung an der Brustflossenbasis. Rücken- und Schwanzflosse sind schwarz gestreift.

Hi-Utsuri (Rote Utsuri)

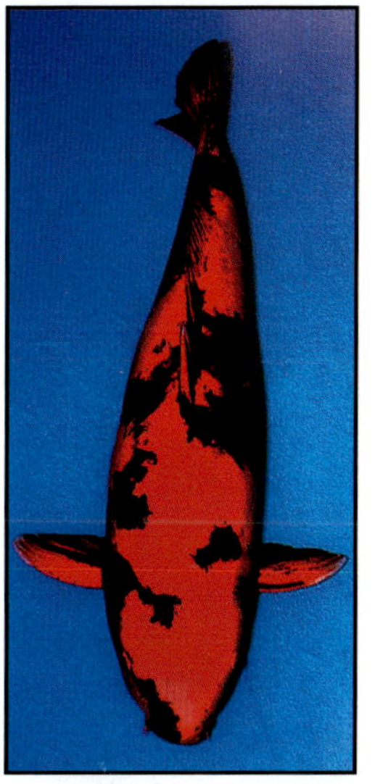

Hi-Utsuri, über 80 cm, bester Utsuri in seiner Größenklasse auf der 32. All Japan Show 1996 (Foto: Z.N.A.)

Gute Hi-Utsuri mit velvetschwarzem Untergrund und brennend roten Mustern sind beeindruckend schöne Fische. Wie beim Weiß des Shiro-Utsuri geht auch beim Hi-Utsuri der Trend zu weniger Schwarz und dafür zu überwiegend leuchtendem Rot. Die rote Farbe muß gleichmäßig sein und darf auch keine farblosen Schuppen (Kokesuki) in der Musterung aufweisen.

Ein Problem bei Hi-Utsuri besteht darin, daß das Schwarz (Sumi) dazu neigt, sich in unschöne, kleine Flecke aufzuspalten.

Die Brustflossen sind bis in die Spitzen rot mit schwarzen Streifen. Ins Schwarze übergehende Brustflossen sind unschön.

Die Rückenflosse paßt sich der Musterung des Körpers an, und die Schwanzflosse ist teilweise schwarz gestreift.

Ki-Utsuri (Gelbe Utsuri)

Gute Ki-Utsuri sind relativ selten, weil sie nicht konsequent gezüchtet werden. Sie haben große gelbe Musterungen, die sich auf der schwarzen Körpergrundfarbe bis weit über die Körperseiten zum Bauch hinunter ziehen. Ki-Utsuri kannte man schon in der Meiji-Ära, sie hießen damals Kuro-Ki-Han (Schwarz mit gelbem Muster).

Es gibt heute teils sehr exquisite Ki-Utsuri mit lackschwarzer Grundfarbe und leuchtend gelben Mustern. Es ist aber sehr schwierig, Fische mit scharf abgegrenztem und zusammenhängendem Schwarz zu züchten. Das Schwarz neigt leider zur feinen Aufsplittung und zu rußigen Übergängen. Das Gelb soll nach japanischen Angaben die Farbe des Gingkolaubes im Herbst haben. In den Brustflossen zeigen sich schwarze Streifen. Völlig schwarze Brustflossen sind unschön. Die Rückenflosse kann wie beim Hi-Utsuri der Körperfleckung entsprechen, und die Schwanzflosse ist schwarz gestreift.

Utsuri-Doitsu

Wie bei allen Koi-Zuchtformen gibt es natürlich auch bei Utsurimono teilbeschuppte Fische, sogenannte Doitsu. Durch die Schuppenlosigkeit erscheinen die Farben, Musterungen und Abgrenzungen wesentlich schöner, leuchtender, kontrastreicher und schärfer als bei vollbeschuppten Tieren.

Gewöhnlich haben Fische mit Spiegelkarpfen-Beschuppung (Kagami-goi) wegen der großen, farbigen Rückenschuppen einen höheren ästhetischen Wert als solche mit Lederkarpfen-Beschuppung (Kawa-goi). Utsuri-Doitsu erringen heute auf Ausstellungen oft hohe Preise.

Asagi, 55 cm, 2. Platz der Asagi/Shusui-Größenklasse 55 cm auf der 32. All Japan Show 1996 (Foto: Z.N.A.)

Asagi

Wann der Asagi das erste Mal als Mutation des normalen Karpfens (Magoi) entstand, ist nicht genau bekannt. Es wird aber angenommen, daß diese erste Mutation der heutigen Nishikigoi vor etwa 180 Jahren auftrat.

Man unterscheidet zwei Asagilinien der Wildkarpfenpopulation, Konjo-Asagi und Narumi-Asagi. Konjo-Asagi haben eine klare Indigofärbung und sind die Vorfahren von Koivariationen mit einer schwarzen Grundfärbung, einschließlich Aka-Matsuba, Ki-Matsuba und Kigoi.

Narumi-Asagi haben dunkel-indigofarbene Schuppen, die von hellerem Blau umrandet sind. Sie sind die Vorfahren von Varietäten mit weißer Grundfärbung. Zunächst entstanden Taki-Asagi, aus denen man dann Kohaku, Taisho-Sanshoku, Shiro-Bekko, Goshiki und Aigoromo produzierte. Shusui entstanden durch Kreuzung mit Doitsu-goi. Koromo sind das Produkt aus einer Kreuzung von Asagi mit Kohaku.

Während die meisten Nishikigoi in der Umgebung von Niigata herausgezüchtet wurden, spielte der Asagi eine zentrale Rolle und war, nachdem er wahrscheinlich zu Anfang der Meiji-Ära in der Umgebung von Yamakoshi entstand, über das ganze Land unter

Die Rotfärbung der Pectoralen eines Asagi oder Shusui nennt man Shusui-bire.
(Foto: Z.N.A.)

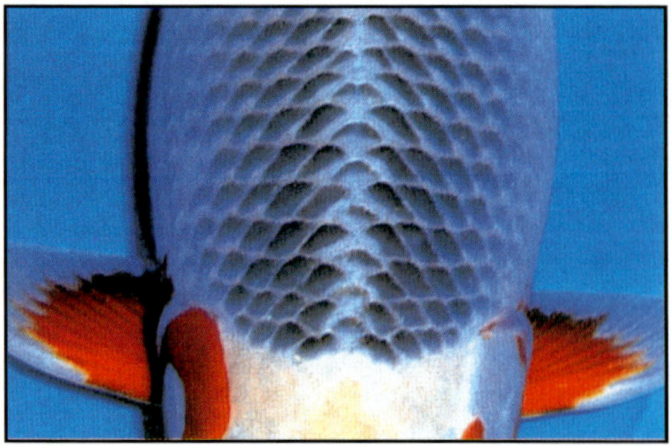

Die Schuppen eines Konjo-Asagi sind von klarer, dunkler Indigofarbe.
(Foto: Z.N.A.)

verschiedenen Namen verbreitet. So ist er in der Umgebung von Mikawa (Aichi-Präfektur), in Mie und in der Shizuoka-Präfektur als Sanshu-Koi bekannt, während er in Toyama lange Takeshima hieß.

Merkmale des Asagi

Kopffarbe

Wichtigstes Kennzeichen des Asagi ist eine weiße Kopffärbung, die von blassem Hellblau bis zu blasser Kremfarbe tendieren kann. Die Kopffarbe muß sehr rein und darf keinesfalls wolkig oder schwarzfleckig sein.

Körperfarbe und Netzzeichnung

Auf dem Rücken hat ein guter Asagi eine wunderschöne Netzzeichnung, die durch die weißliche Schuppenumrandung (japanisch Fukurin) und die halbmondförmige, gleichmäßig blaue (nicht wolkige) Färbung der Schuppenzentren (japanisch Kokenami) entsteht. Diese Netzzeichnung soll von der Rückenmitte zu beiden Seiten des Körpers bis zur Rotfärbung der unteren Körperhälfte herunterreichen, ebenso soll sie sich möglichst gleichmäßig vom Kopfansatz bis zum Schwanz hinziehen. Es muß besonders darauf geachtet werden, daß die Netzzeichnung in der Nähe der Rückenflosse nicht unregelmäßig ist. Ein gutes Fukurin (Leuchten der Netzzeichnung / Körperglanz) macht einen Asagi besonders wertvoll. Die Trennlinie zwischen der Blaufärbung der oberen Körperhälfte und der Rotfärbung der unteren Körperhälfte soll klar und scharf sein. Die Blaufärbung ist sehr unterschiedlich. Es gibt Asagi in allen Blauabstufungen, vom sehr dunklen Blau bis sehr hellem Blau. Größter Wert muß auf gleichmäßige Netzzeichnung ohne Unregelmäßigkeiten durch fehlende oder beschädigte Schuppen gelegt werden. Deshalb ist besondere Sorgfalt beim Umgang mit diesen Koi erforderlich. Das ist nicht einfach, weil sie vielleicht wegen ihrer nahen Verwandt-

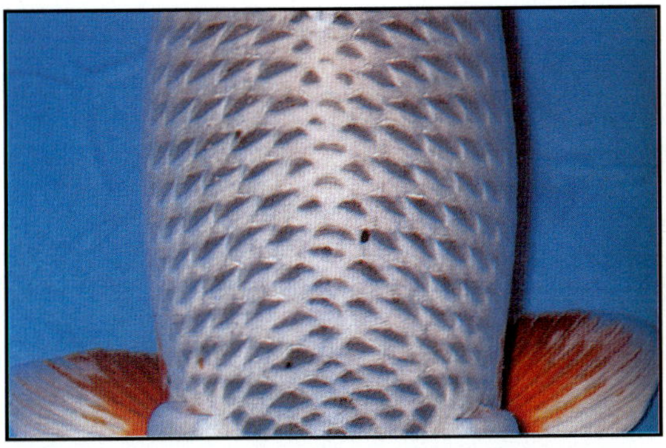

Die Schuppen des Narumi-Asagi haben einen dunkelindigofarbenen Fleck in der Mitte und sind von hellerem Blau umrandet. Foto: Z.N.A.)

schaft zu normalen Karpfen sehr agil sind. So springen sie gern aus dem Netz und machen auf Koi-Ausstellungen oft Probleme, indem sie aus den Behältern (Vats) herausspringen.

Doch zurück zur Färbung: Besonders attraktiv ist die leuchtende Rotfärbung an den Kopfseiten, unterhalb der Seitenlinie und an den Flossenbasen. Glühendes Rot auf den Brustflossen wird besonders hoch bewertet. Solche Flossen nennt man Shusui-bire (Shusui-Flossen).

In vielen Fällen ist das Rot (Hi) auf der unteren Körperhälfte von mehr rostiger Farbe.

Ein roter Fleck am Maul (Kuchibeni), Rot an der Rücken- und Schwanzflosse mindern den Wert eines Asagi nicht, wenn es wohlgeformt und von ansprechender Größe ist.

Es gibt auch Asagi ohne jegliche Rotfärbung, generell werden aber solche mit Rotmarkierungen höher gewertet.

Leider verlieren ältere Koi ihre Schönheit: Das Rot macht sich auf dem Kopf breit und zieht den Rücken hinauf, gleichzeitig wird der Kopf und das Blau des Körpers dunkler, und es machen sich größere und kleinere, schwarze Flecken breit. Ein solcher Koi hat keinen ästhetischen Wert mehr.

Ich konnte feststellen, daß Asagi in sehr hartem Wasser (England) schwarz werden. Auch die Japaner haben beobachtet, daß Asagi in dieser Beziehung sehr empfindlich auf die Wasserqualität sind.

Konjo-Asagi

Konjo-Asagi stehen den Wildkarpfen sehr nahe. Konjo heißt preußischblau. Dementsprechend haben solche Koi ein extrem dunkles Blau, das meistens bis an die Schuppenränder reicht.

Narumi-Asagi

Der Narumi-Asagi ist der typische Asagi. Die Schuppenzentren sind dunkel indigofarben. Die Schuppenränder sind aber heller.

Mizu-Asagi

Dieser Typ wird manchmal auch Akebi-Asagi genannt. Er hat das hellste Blau aller Asagi.

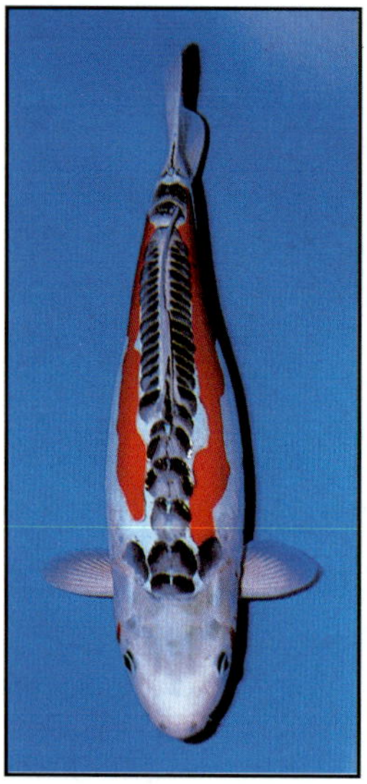

Hana-Shusui, 45 cm, bester Shusui in 45 cm Größe auf der 32. All Japan Show 1996 (Foto: Z.N.A.)

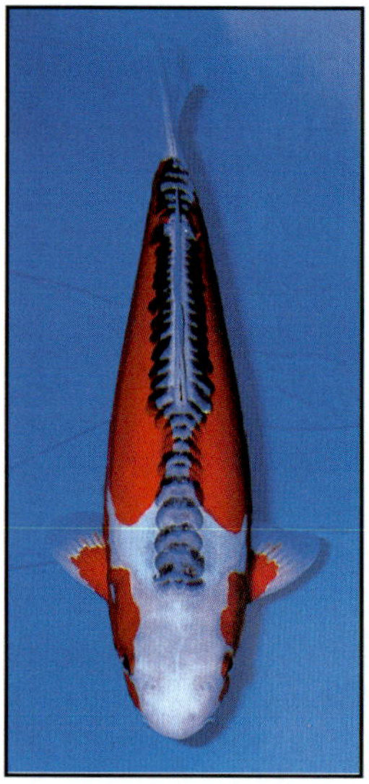

Hi-Shusui in 45 cm Größe auf der 31. All Japan Show 1995 (Foto: Z.N.A.)

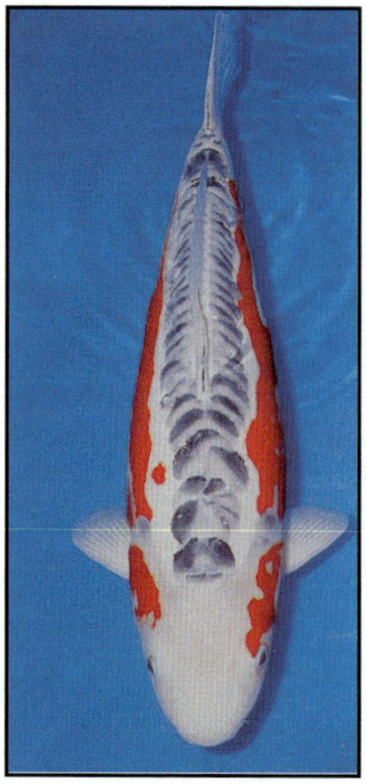

Perl-Shusui, 65 cm, erhielt den Spezialpreis für Shusui auf der 7. Taiwan Nishikigoi Show (Foto: Z.N.A:)

Asagi-Sanshoku

Hierbei handelt es sich um einen Sanshoku-Typ mit blauer Farbe auf dem Rücken, Rotmarkierungen auf Kopf und Körperseiten und cremigweißem Bauch.

Taki-Asagi

Beim Taki-Asagi befindet sich zwischen dem Blau des Rückens und dem Rot der unteren Körperhälfte eine stromartige weiße Partie. Dieser Koi ist in den letzten Jahren leider sehr selten geworden.

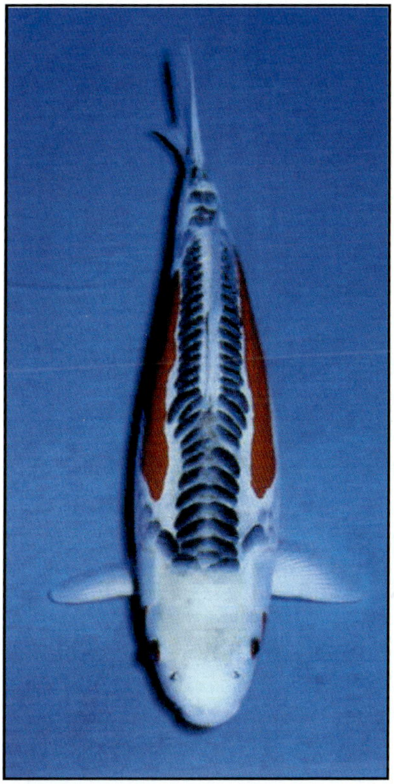

Hana-Shusui - Bei Shusui wird besonderer Wert auf schöne und gleichmäßige Rückenschuppen gelegt. (Foto: Z.N.A.)

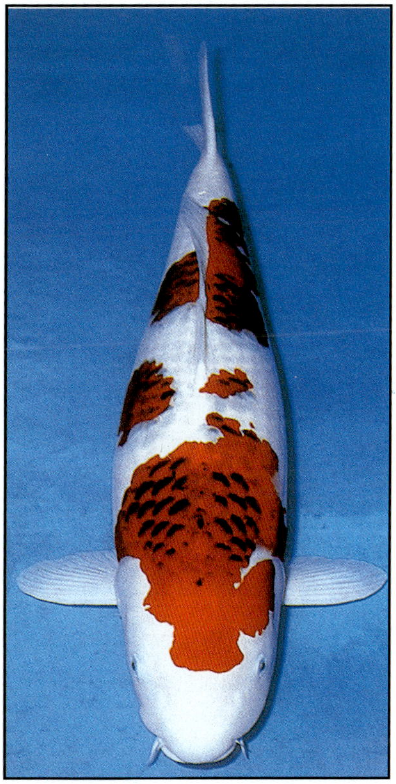

Ein Koromo trägt eine blaue oder dunkle Netzzeichnung über den Rotmustern. (Foto: Z.N.A.)

Shusui

Teilbeschuppte Karpfen (Lederkarpfen, Spiegelkarpfen und Zeilkarpfen) sollen in der Zeit zwischen 1782 und 1798 in Östereich, auf dem Gebiet des heutigen Tschechiens herausgezüchtet worden sein. Sie stellten durch ihre Schuppenlosigkeit und ihr höheres Gewicht infolge Hochrückigkeit eine höhere Qualität der Speisekarpfen dar.

Als man 1904 solche teilbeschuppten Karpfen aus Deutschland nach Japan exportierte, nannte man diese Karpfenbeschuppungsformen in Japan "Doitsu" (bedeutet deutsch und wird "deutz" gesprochen). Sie wurden bald zwischen 1910 und 1912 in die Nishikigoi-Zuchtformen eingekreuzt und zwar zuerst in die Asagi. So entstanden durch die Kombination mit Spiegel- und Zeilkarpfen die ersten Doitsugoi-Typen, wunderschön gefärbte Koi, die man

Shusui nannte. Seit etwa 1928 kennt man Shusui in der heutigen Qualität. Sie haben eine für Koi außergewöhnliche Geschichte, denn sie wurden nicht wie die anderen in Niigata, sondern zuerst in Tokio produziert.

Shu heißt Herbst und so ist für Shusui, ebenso wie für Asagi das wichtigste Merkmal die Farbe des Rückens. Sie soll die Farbe des klaren, blauen Herbsthimmels zeigen mit Variationen von ultramarin bis königsblau. Es ist besonders wichtig, daß die großen, dunkelblauen Schuppen auf dem Rücken ordentlich plaziert sind.

Der Kopf der Shusui soll rein blaß-blau sein, nicht schmutzig, wolkig oder fleckig. Ein Shusui, dessen Kopffarbe nicht klar und sauber ist, hat keinen Wert.

Die Hi-Markierungen entsprechen in Farbe und Anordnung etwa denen von Asagi: Schönes, leuchtendes Rot an beiden Seiten des Kopfes und am Bauch, außerdem scharfbegrenzte Hi-Markierungen an den Flossenbasen. Die Hi-Markierungen an den Flossenbasen nennt man Shusui-Flossen (Shusui-bire).

Weil der Shusui ein Doitsu-goi ist, kann man die Rückenbeschuppung als einen Teil der Musterung ansehen. Die großen, dunkelblauen Schuppen auf dem Rücken sind eine besondere Zier, deshalb sollen sie möglichst gleichmäßig und ohne Makel angeordnet sein. Schuppen, die sich zwischen den Rückenschuppen und den Schuppen entlang der Laterallinie befinden, mindern den Wert des Koi. Je nach Anordnung der Rotmusterung unterscheidet man verschiedene Shusui-Variationen:

Hana-Shusui

So nennt man Shusui, die innerhalb der hellblauen Farbe zwischen den Rücken- und den Lateralschuppen Rotmarkierungen aufweisen.

Hi-Shusui

Beim Hi-Shusui ist der gesamte Rücken rot gefärbt und steht dadurch in wunderschönem Kontrast zu den blauen Rückenschuppen.

Perl-Shusui

Bei einem Perl-Shusui sind die Rückenschuppen perlmutfarben wie die Farbe von Perlen.

Es passiert bei Shusui und auch Asagi häufig, daß sie mit zunehmendem Alter nachdunkeln und völlig schwarz werden. Nach meinen bisherigen Beobachtungen tritt das besonders bei hartem Wasser, wie z.B. in England (dGH um 30°) ein. Große, gut gefärbte Shusui sind deshalb sehr wertvoll. Ursprünglich wurden Asagi und Shusui in einer Klasse gewertet. Seit der Z.N.A. Show 1997 hat man die beiden Varietäten jedoch getrennt.

Koromo

Koromo sind Koi mit einer indigofarbenen oder schwarzen Netzzeichnung auf den roten Mustern. Diese Netzzeichnung besteht aus einzelnen, roten Schuppen, die im unteren Teil halbmondförmig schwarz oder indigo gefärbt sind. Sie sehen wie aufgespritzt aus und liegen in zusammenhängenden Anhäufungen über dem Hi.

Durch verschiedene Einkreuzungen unterscheidet man Aigoromo, Sumigoromo, Budo-Sanshoku, Koromo-Sanshoku und Koromo-Showa.

Aigoromo

Der Aigoromo ist der ursprüngliche Typ des Koromo. Er entstand durch Kreuzung von Kohaku mit Asagi. Wobei die meisten durch Kreuzung eines Narumi-Asagi-Weibchens mit einem Kohaku-Männchen entstanden sein sollen. Durch diese Kreuzung legte sich die indigofarbene Netzzeichnung des Asagi über die Rotmarkierungen des Kohaku. Die halbmondförmigen, indigofarbenen unteren Ränder der Schuppen, die ein zusammenhängendes Netz bilden, nennt man Fukurin.

Die ersten Aigoromo sind um 1920 entstanden. Seit etwa 1945 gibt es exzellente Aigoromo. Da diese Zuchtform vom Kohaku abstammt, ist darauf zu achten, daß alle Voraussetzungen eines guten Kohaku erfüllt sind: Schneeweißer Untergrund und sauberbegrenzte Rotmuster, auf denen sich eine klar definierte und zusammenhängende Netzzeichnung aus Schuppen mit halbmondförmiger Indigofarbe befindet. Besonders schwierig ist der schneeweiße Untergrund, da sich hierauf häufig ebenfalls dunkle Markierungen befinden.

Die Koromozeichnung ist nicht von Anfang an perfekt entwickelt, sondern gewöhnlich ist sie erst fertig, wenn der Koi vier bis fünf Jahre alt ist. Bei jungen Fischen kommt das Indigo nicht klar heraus, gewöhnlich erscheint das Rot schmierig mit kleinen schwarzen Flekken (Jami).

Es kann auch sein, daß nur eine Andeutung von Indigo vorhanden ist. Während des Wachstums verbessert sich die Zeichnung nach und nach und wird deutlich. Andererseits besteht folgende Problematik: Wenn bei einem jungen Koi das Indigo schon voll entwickelt ist, dann bricht es in den meisten Fällen auf, wenn der Koi wächst.

Allgemein beobachtet man, daß Männchen ihre komplette Koromo-Färbung schneller entwickeln, so daß schnell fertige Koromos meistens Männchen sind. Weibchen brauchen dagegen längere Zeit dazu, ihr Indigo festigt sich langsamer.

Manchmal sieht ein Koi als Jungfisch auch wie ein Kohaku aus und entwickelt sich später dann zu einem wunderschönen Aigoromo.

Die Kopfzeichnung

Indigo erscheint nicht auf den Hi-Markierungen des Kopfes.

Die Flossen

Wie beim Kohaku sollen auch beim Aigoromo alle Flossen weiß sein, auch die Brustflossen. Motohi (Rotfärbung an der Basis) kann akzeptiert werden, nicht aber Motoguri (Schwarzfärbung an der Basis).

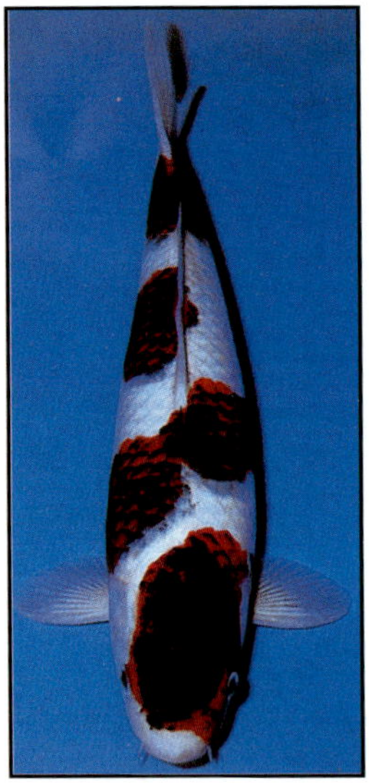

Sumigoromo

(Fotos: Z.N.A.)

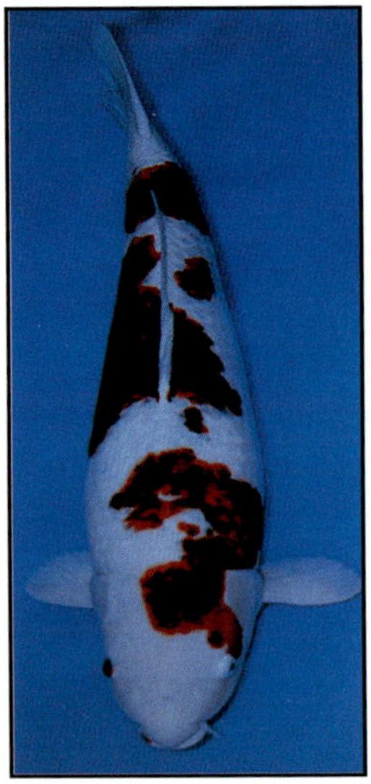

Sumigoromo, 75 cm, Bester in dieser Koromo-Größenklasse auf der 24. Kanto District Nishikigoi Show

Budo-Sanshoku, 70 cm, 3. Platz in der Koromo-Größenklasse 70 cm auf der 32. All Japan Show 1996

Allgemeines

Natürlich achtet man bei einem Aigoromo darauf, daß das Indigo-Netzmuster schön angelegt ist. Aber es muß auch auf gutes Hi und schneeweißen Grund geachtet werden. Im Weiß dürfen sich keine schwarzen Flecken (Jami) befinden. Ein großer, makelloser Aigoromo ist recht selten.

Budo-Sanshoku (auch Budo-Goromo)

Budo-Sanshoku entstanden aus Taisho-Sanshoku. Auf ihren Hi-Mustern befinden sich weinfarbene Schuppen, die rechts und links symmetrisch in Form einer Weintraube arrangiert sind. Eine klare Musterung, die einen wunderschönen Kontrast zum schneeweißen Untergrund bildet, ist leider sehr selten.

Manchmal werden Budo-Sanshoku auf Koi-Schauen fälschlicherweise in Kawarimono eingeordnet. Sie gehören aber zu den Koromo.

Sumigoromo

Sumigoromo sind Koi auf Kohaku-Basis, die im Gegensatz zu Aigoromo anstelle der halbmondförmigen, blauen Schuppen auf den Roten Mustern schwarze, halbmondförmige Schuppen tragen. Bei dieser Variante erscheint das Sumi auch auf der Kopfzeichnung. Im Gegensatz zum Aigoromo macht der Sumigoromo einen streng dunklen Eindruck. Leider gibt es bis heute nur wenige gute Exemplare. Ein Koi mit nur mittelmäßiger Zeichnung macht keinen guten Eindruck und wird in Japan mit Jamigoromo bezeichnet.

Koromo-Sanshoku

Wie schon der Name aussagt, sind Koromo-Sanshoku eine Kreuzung aus Aigoromo und Taisho-Sanshoku. Sie tragen auf den Rotmustern des Taisho-Sanshoku eine Indigo-Netzzeichnung. Man unterscheidet auf einem solchen Fisch zweierlei Sumi: Das gewöhnliche Sumi des Taisho-Sanshoku und das Sumi, das durch die Koromozeichnung entsteht. Ersteres nennt man Hon-zumi und letzters Koromo-zumi. Große und gute Exemplare dieser Form sind selten.

Koromo-Showa, 75 cm, hochbewertet auf der 31. All Japan Show 1995 (Foto: Z.N.A.)

Koromo-Showa

Sie entstanden durch Kreuzung von Aigoromo mit Showa-Sanshoku. Koromo-Showa tragen ein indigofarbenes Netzmuster

Kumonryu, 50 cm, 2. Platz in der Kawarimono-Größenklasse 50 cm auf der 33. All Japan Show 1997 (Foto: Z.N.A.)

Ochiba-Shigure, 45 cm, 3.Platz in der Größenklasse 45 cm der Kawarimono auf der 33. All Japan Show 1997 (Foto: Z.N.A.)

Goshiki, 35 cm, 2. Platz in der Größenklasse 35 cm der Goshiki auf der 33. All Japan Show 1997 (Foto: Z.N.A.)

Goshiki, 75 cm, 1. Platz der Goshiki-Größenklasse 75 cm auf der 33.All Japan Show 1997 (Foto: Z.N.A.)

Goshiki, 65 cm, 2. Platz in seiner Größenklasse auf der 33. All Japan Show 1997 (Foto: Z.N.A.)

Kanoko-Kohaku, 35 cm, wurde auf der 29. All Japan Combined Nishikigoi Show mit einem Spezialpreis für Kanoko ausgezeichnet (Foto: Z.N.A.)

Kanoko-Kohaku, 80 cm, erhielt einen Spezialpreis für Kanoko auf der 29. All Japan Nishikigoi Show (Foto: Z.N.A.)

Kanoko-Sanshoku, 55 cm, erhielt auf der 29. All Japan Nishikigoi Show einen Spezialpreis für Kanoko (Foto: Z.N.A.)

Kanoko-Sanshoku, 40 cm, wurde mit einem Spezialpreis für Kanoko auf der 29. All Japan Combined Nishikigoi Show ausgezeichnet
(Foto: Z.N.A.)

Kanoko-Showa, 50 cm, erhielt auf der 29. All Japan Nishikigoi Show einen Spezialpreis für Kanoko
(Foto: Z.N.A.)

Kumonryu, 48 cm, bester Kawarigoi in seiner Größe auf der 13. All Japan Young Nishikigoi Show
(Foto: Z.N.A.)

Chagoi, 75 cm, erhielt den Jumbo-Preis auf der 19. Ishikawa Chapter Nishikigoi Show
(Foto: Z.N.A.)

Shiro-Kage-Utsuri,
über 65 cm, erhielt den
Prefectural-Preis der
Kawarimono
(Foto: Z.N.A.)

Kawarimono, 60 cm,
erhielt einen Spezialpreis
auf der 25. Tobu Branch of
Tottori Nishikigoi Show
(Foto: Z.N.A.)

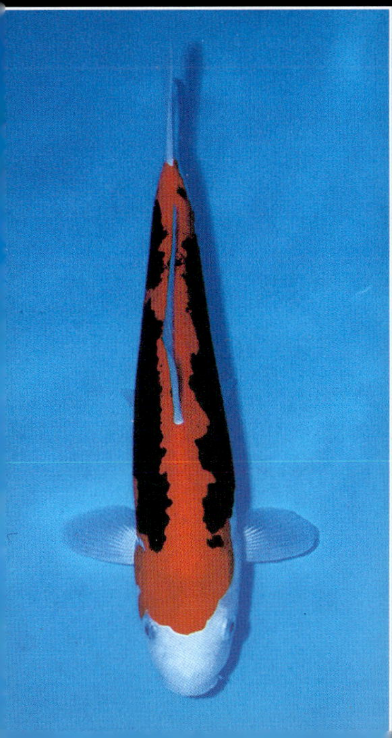

Hi-Kumonryu, 30 cm,
bester Kawarimono in
seiner Größenklasse auf
der 33. Z.N.A. All Japan
Nishikigoi Show
(Foto: Z.N.A.)

Shiro-Kage-Utsuri, 80 cm,
Bester in seiner
Größenklasse auf der 31.
Z.N.A. All Japan Nishikigoi
Show (Foto: Z.N.A.)

über den Hi-Markierungen des Showa-Sanshoku. Man bezeichnet sie auch als Ai-showa.

Beim Koromo-Showa unterscheidet man zweierlei Sumi: Das Honzumi der Showa-Sanshoku und das Koromo-zumi der Koromo. Leider sind auch bei dieser Zuchtform wirklich gute Exemplare selten.

Kawarimono

Kawarimono ist eine Sammelgruppe, in die alle nicht-metallicfarbenen Koi eingeordnet werden, die in keiner anderen Gruppe unterzubringen sind. Das sind eine Vielzahl ein- und mehrfarbiger Koi.

Teils handelt es sich dabei um Zuchtformen mit einer eigenen Blutlinie, wie z.B. Karasugoi oder Matsubagoi. Aber es werden auch Kreuzungen hier eingeordnet. Wichtig ist allerdings, daß die Fische einen Schauwert haben d.h.: Gute Farben und wohlarrangierte Musterung.

Derzeit unterscheidet man folgende Kawarimono-Formen:

Karasugoi

Als Karasugoi bezeichnet man tiefschwarze Koi, die aus Konjo-Asagi herausgezüchtet wurden. Sie sind wesentlich schwärzer als normale Karpfen (Magoi).

Hajiro

Hajiro heißt Weißfeder, und man bezeichnet damit schwarze Koi (Karasugoi) mit weißen Brustflossenspitzen.

Hageshiro

Schwarze Koi mit weißer Nasenspitze, weißem Kopf und weißen Brustflossenspitzen. Zwischen weißer Maulspitze und weißem Kopf bleibt ein schwarzer Fleck stehen.

Yotsushiro (auch Yotsujiro)

Entsprechend ihres Namens "viermal Weiß" ist diese wunderschöne, aber seltene Koiform tiefschwarz mit weißem Kopf, weißen

Pectoralen (Brustflossen), weißer Dorsale (Rückenflosse) und weißer Caudale (Schwanzflosse).

Suminagashi

Wird auch Asagi-Sumi-Nagashi genannt. Es ist ein schwarzer Koi mit weiß umrandeten Schuppen.

Matsukawabake

So bezeichnet man schwarz und weiße Koi, die öfter im Jahr ihre Farbe wechseln, besonders im Sommer und im Winter.

Kumonryu

Kumonryu heißt Drachen mit neun Markierungen. Es sind zweifarbig, schwarz und weiße, schuppenlose Koi (Lederkarpfen). Beide Farben sind sehr brillant, tiefschwarz und schneeweiß (siehe Fotos auf Seite 54 und 56). Kumonryu zeigen mehr Weiß als Yotsushiro.

Kigoi

Ein gelber Koi mit teils roten Augen. Die rotäugigen Kigoi sind sehr atraktiv, weil ihnen als Teilalbinos die schwarzen Farbpigmente fehlen. Dadurch sind sie besonders leuchtend gelb, ohne jeglichen rußigen Anflug und schwarze Schuppenumrandung.

Rotäugige Kigoi sind auch genetisch sehr wertvoll, weil man mit ihnen eine durch Mutation neu entstandene Zuchtform relativ schnell stabilisieren kann (siehe "Koi in den schönsten Wassergärten - Herauszüchten einer neuen Koi-Variation").

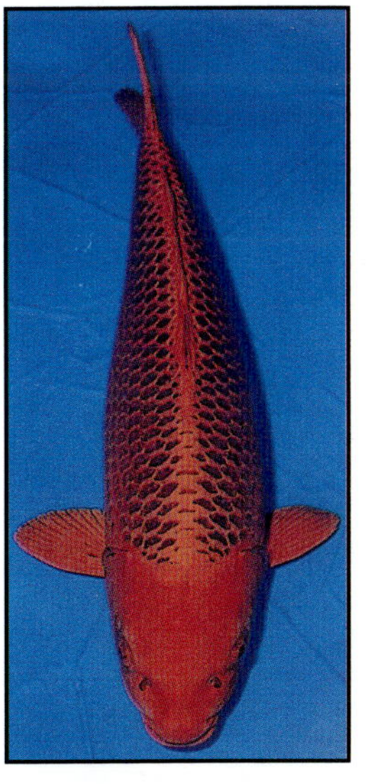

Aka-Matsuba, 65 cm, 2. Platz in seiner Größenklasse auf der 33. All Japan Show 1997 (Foto: Z.N.A.)

Chagoi

Chagoi stehen genetisch dem normalen Karpfen sehr nahe. Es sind braune Koi, die sehr schnell wachsen und dann häufig auf Ausstellungen als Jumbokoi zu sehen sind.

Matsubagoi

Matsuba heißt Pinienzapfen. Es sind einfarbige Koi, deren Schuppen dunkle Zentren und farbige Säume haben. Man kennt sie in Rot (Aka-Matsuba), Gelb (Ki-Matsuba) und Weiß (Shiro-Matsuba).

Matsuba-Doitsu

Es gibt aber auch eine Doitsuform des Matsubatyps, sogenannte Matsuba-Doitsu. Ein solcher Koi ist einfarbig und in der Beschuppung ein Zeilkarpfen mit großen, schwarzen Schuppen entlang des Rükkens und der Seitenlinien. Besonders schön sind Hi-Matsuba-Doitsu und Ki-Matsuba-Doitsu.

Midorigoi

Immer noch sehr seltene, gelblich-grüne Koi.

Goshiki

Ist eine Kreuzung aus Asagi und Aka-Sanshoku. Dadurch haben sie die Fleckung des Aka-Sanshoku und die blaue Haut des Asagi. Entsprechend ihres Namens Goshiki (Fünf Farben) sollen sie fünf Farben: Weiß, Rot, Schwarz, Blau und Dunkelblau haben. Aber das ist meistens sehr schwer festzustellen. Trotzdem haben sich die Goshiki in den letzten Jahren zu größtenteils wunderschönen Fischen entwickelt. Sie werden seit einigen Jahren in eine eigene Gruppe eingeordnet.

Sanke-Shusui

Als Hybriden aus Taisho-Sanshoku und Shusui gehören sie in die Doitsu-Familie. Besonders beindruckend sind ihre möglichst gleichmäßigen, dunkelblauen Rückenschuppen.

Showa-Shusui

Auch dieser Koi ist eine Kreuzung. Er entstand aus Showa-Sanshoku und Shusui. Er ist ebenfalls ein Doitsutyp mit tiefblauen Rückenschuppen.

Goshiki-Shusui

Entstand durch Kreuzung von Goshiki und Shusui

Kanoko-Kohaku, Kanoko-Sanke, Kanoko-Showa

Entsprechend des Namens Kanoko (Rehkitz) sind bei diesen Zuchtformen die weißen Zonen durch eingestreute rote Einzelschuppen getüpfelt.

Kage-Utsuri

Kage heißt Schatten. Durch dunkle Schuppenzentren entsteht auf den Farbmustern dieser Utsuri eine Netzzeichnung. Bei Shiro-Kage-Utsuri befindet sich die Netzzeichnung auf den weißen und bei Hi-Kage-Utsuri auf den roten Partien.

Kage-Showa

Ein Showa mit "Schatten" auf der roten und/oder auf der weißen Musterung wird Kage-Showa genannt.

Ochiba-Shigure

Bei blauen Farbmutationen kann häufig (auch bei Goldfischen) beobachtet werden, daß gleichzeitig braune Flecken erscheinen. So entstanden auch diese blaugrauen Koi mit braunen Mustern. Ochiba-Shigure heißt "Herbstblätter auf dem Wasser".

Aka-Muji

Darunter versteht man einfarbig, leuchtend rote Koi.

Aka-Hajiro

Aka-Hajiro sind Aka-Muji mit weißen Brustflossenspitzen.

Hikarimono

Diese Bezeichnung setzt sich zusammen aus Hikari = Glanz und Mono = Art. Mit Hikarimono bezeichnet man Koi, über deren einfarbigen oder auch gemusterten Körper ein starker Glanz liegt. Innerhalb der Hikarimono unterscheidet man drei Gruppen: Hikari-mujimono, Hikari-moyomono und Hikari-utsurimono.

Hikarimono sind außerhalb Japans und vor allem auch bei Anfängern sehr begehrt und populär.

Hikari-mujimono

Hikari-mujimono sind einfarbig glänzende Koi, die gelb, golden, rot, orange, weiß, silbern oder platinfarben aussehen können.

Bild vorherige Seite: Gewaltige Pumpen speisen die Wasserfälle des Koiteiches am Lung-Shan-Tempel in Taipei.

Folgende Formen werden unterschieden:

Ogon

Alle einfarbig goldenen Koi mit Körperglanz werden Ogon genannt. Die Entwicklungsgeschichte der Ogon begann 1921 in Takezawa (Päfektur Niigata). Durch Verpaarung von zwei Koi mit Gold auf dem Rücken produzierte Sawato Aoki innerhalb von vier bis fünf Fischgenerationen Koiformen, die man heute als Kin-Kabuto, Gin-Kabuto und Sakin bezeichnet. Als Endstufe dieser Züchtungsversuche entstanden 1947, nach harter Arbeit von Aoki und seinem Sohn daraus die Ogon, die wir heute kennen.

Die ersten Ogon wurden hochprämiert und waren sehr geschätzt und teuer. Wegen ihrer leichten Züchtbarkeit ging ihr Ansehen später dann leider zurück. Aber durch das Einkreuzen von Ogon in andere Koiformen wurde von da an die Welt der Koi noch wesentlich farbiger. Da Ogon allgemein recht einheitlich sind und in guter Qualität in den Handel kommen, werden sie auf Ausstellungen recht streng bewertet. Auf folgende Merkmale ist Wert zu legen:

Die Kopffarbe

Beim Ogon ist vor allem auf den Kopf zu achten. Er soll einen gleichmäßigen goldenen Glanz haben, und es darf nicht das geringste Anzeichen von Wolkigkeit vorhanden sein. Dabei ist besonders auf die Umgebung der Nasenlöcher und auf die Kopfseiten zu achten, die leicht zu wolkiger Färbung tendieren. Wolkigkeit reduziert stark den ästhetischen Wert eines Koi.

Die Körperfarbe

Die äußere Kanten der Schuppen nennt man im Japanischen Fukurin. Auf dieses Fukurin legt man beim Ogon besonderen Wert. Es soll einen gleichmäßigen goldenen Glanz haben. Bei besonders guten Ogon ist das Fukurin nicht nur sehr gleichmäßig auf dem Rükken, sondern es zieht sich über den ganzen Körper bis hinunter zum Bauch.

Beim Umgang mit Ogon muß man besondere Sorgfalt walten lassen, damit keine Schuppen beschädigt werden. Dieselbe Gefahr besteht bei Erkrankung an Lochkrankheit. In beiden Fällen werden zerstörte Schuppen nicht wieder vollständig regeneriert, so daß sichtbare unschöne Stellen entstehen, die den Wert des Koi sehr stark herabsetzen.

Die Flossen

Die Brustflossen (Pectoralen) müssen möglichst groß und gleichmäßig sein. Ihr prächtiger Glanz soll sich bis in die Spitzen ziehen. Viele Ogon haben steife oder unsymmetrische Pectoralen. Alle anderen Flossen müssen wie allgemein bei Koi beurteilt werden.

Der Körper

Auch Kopf und Körper müssen sorgsam auf Fehler und eventuelle Deformationen untersucht werden. Ogon werden leicht zahm. Sie fressen gut und wachsen schnell, neigen dann aber dazu, zu fett zu werden. Die Folge ist oft Topfbäuchigkeit. Ogon von schlechter Qualität (alte Züchtungen) neigen dazu, bei steigender Temperatur im Sommer dunkel zu werden. Mit der Herauszüchtung des Yamabuki-Ogon konnte diese Problem beseitigt werden.

Yamabuki-Ogon (siehe Foto Seite 2)

Durch Kreuzung von Ogon mit Kigoi züchtete Masamoto Kataoka 1957 diese Varietät heraus. Wie bereits erwähnt, dunkelt seine Farbe bei steigenden Temperaturen im Sommer nicht nach. Der Yamabuki-Ogon zeigt eine wunderschöne, reingelbe, glänzende Färbung. Die Bewertung erfolgt sinngemäß wie beim Ogon.

Platinum-Ogon

Platinum-Ogon wurden zuerst um 1963 produziert, und man nannte sie zunächst Hakkin oder Hakushoku-Ogon.

Platinum haben eine stark glänzende, reinweiße Platinfarbe über dem ganzen Körper. Sie gehören zu den eindrucksvollsten Koi im Teich. Die Beurteilung und Bewertung der Platinum-Ogon ist sinngemäß dieselbe wie die der Ogon. Durch Kreuzung mit anderen Koi-Varietäten bildete er die Basis für viele andere, eindrucksvolle Hikari-mujimono.

Nezu-Ogon

Wegen seiner grauen Färbung wurde diese Zuchtform ursprünglich als Nezumi-Ogon (Maus-Ogon) bezeichnet. Heute ist die Farbe mehr silbern mit einem leichten Anflug von Grau, und man hat den Namen auf Nezu-Ogon abgekürzt. Manchmal nennt man den Nezu-Ogon auch Gin (Silber) oder Ibushi-Gin (Rauchiges Silber). Die Bewertung ist dieselbe wie bei Ogon beschrieben.

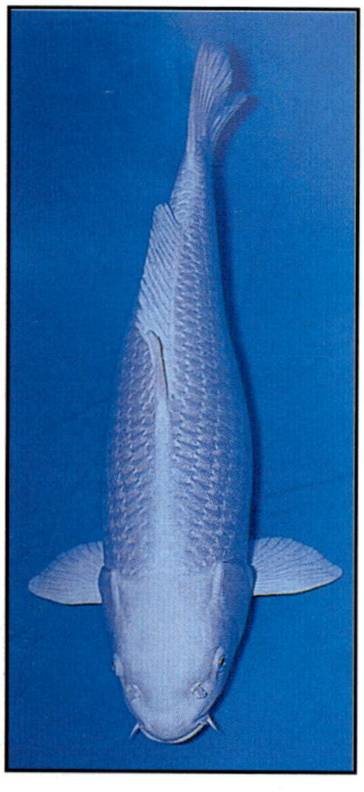

Solche Platinum-Ogon sind unvergleichlich beeindruckende Fische. (Foto: Z.N.A.)

Kin-Matsuba, 65 cm,
1. Platz in der Hikari-moyomono-Größenklasse 80 cm auf der 32. All Japan Show 1996 (Foto: Z.N.A.)

Kin-Matsuba, 80 cm, erhielt den Spezialpreis für Hikari-Matsuba auf der 28. All Japan Combined Show (Foto: Z.N.A.)

Dieser Gin-Matsuba ist durch sein attraktives Netzmuster (Fukurin), die glänzenden Brustflossen und die reine Kopfpartie ein wunderschöner Fisch. (Foto: Z.N.A.)

Doitsu-Ogon, 15 cm, 3. Platz seiner Größenklasse auf der 32. All Japan Show 1996 (Foto: Z.N.A.)

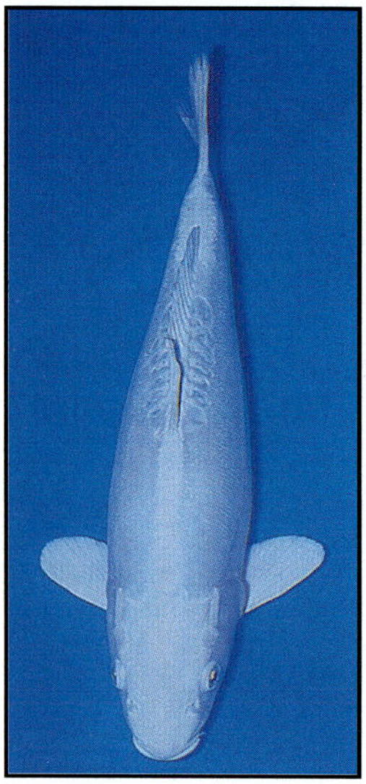

Platinum-Doitsu, 40 cm, ausgestellt auf der 29. All Japan Show 1993 (Foto: Z.N.A.)

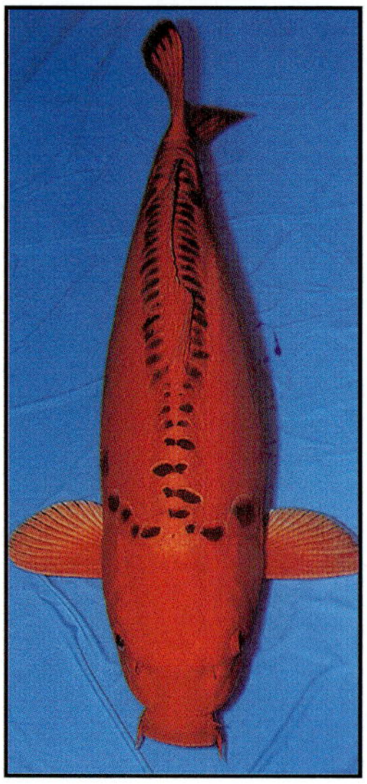

Mizuho-Ogon, 65 cm, belegte einen guten Platz auf der 31. All Japan Show 1995. (Foto: Z.N.A.)

Hikari-moyomono, über 65 cm, erhielt den Kishi-Preis auf der 23. Hanshin Branch of Hyogo Nishikigoi Show (Foto: Z.N.A.)

Shiro-Ogon

So heißen Nezu-Ogon mit einer weißlichen Färbung. Sie sind schöner als die Nezu-Ogon, wurden aber weitgehend durch die noch attraktiveren Platinum-Ogon verdrängt.

Orenji-Ogon (Orange-Ogon)

Ein orangefarbener Koi mit Körperglanz, der erstmalig 1953 gezüchtet wurde. Er ist in letzter Zeit häufig in guter Qualität zu sehen.

Hi-Ogon (Roter Ogon)

Es handelt sich um einen sehr seltenen Hikarimono-Higoi.

Kin-Matsuba

Durch Kreuzung eines Matsuba mit einem Ogon entstand 1960 zuerst bei Eisaburo Mano dieser interessante Koi. Bei der Zuchtform Matsuba hat jede Schuppe des Körpers eine schwarze Mittenmarkierung und einen farbigen Rand (Fukurin). Dadurch wirkt die Zeichnung wie ein Fichten- oder Kiefernzapfen. Wichtig ist, daß diese Beschuppung sich sehr regelmäßig über den ganzen Körper erstreckt und sich nicht, wie häufig zu sehen, nur auf dem Rücken befindet.

Die Basisfarbe des Kin-Matsuba ist gold in verschiedenen Schattierungen. Es kann ein helleres oder ein dunkleres Gold sein. Die schwarzen Schuppen haben ein goldenes Fukurin (einen goldenen Rand). Wie bei allen Hikari-mujimono ist auch bei dieser Zuchtform besonderer Wert auf guten Körperglanz, saubere Kopffarbe und gut geformte Brustflossen zu legen.

Gin-Matsuba

Gin heißt Silber. Entsprechend hat ein Gin-Matsuba eine silberne, bzw. platinfarbene Grundfärbung. Die Bewertung stimmt mit der des Kin-Matsuba überein.

Doitsu-Ogon

Wie schon der Name sagt, handelt es sich um die Doitsu-Form des Ogon.

Als Standard betrachtet man allgemein die Beschuppungsform des Zeilkarpfens. Bei dieser wirken die Rückenschuppen und die Schuppenreihe entlang der Seitenlinie besonders attraktiv und heben den ästethischen Wert des Koi.

Es gibt aber auch völlig schuppenlose Ogon (Lederkarpfentyp). Hier erscheint der Fischkörper wie aus einem einzigen Stück goldenen Metalls gemacht.

Bei der Bewertung von Doitsu-Ogon ist auf einzelne, nicht ins Bild passende Schuppen zu achten. Der gut beschuppte Zeilkarpfentyp hat höheren Wert.

Da alle Doitsu leicht zu Abnormitäten neigen, sollte man besonders auf gute Ausbildung der Flossen achten.

Platinum-Doitsu

Dies ist ein Doitsu-Koi mit Platinglanz. Er ist noch attraktiver als der Doitsu-Ogon, und deshalb findet man oft sehr schöne Exemplare. Bei der Bewertung gilt Gleiches, wie beim Doitsu-Ogon.

Mizuho-Ogon

Hierbei handelt es sich um einen recht seltenen, orangefarbenen Matsuba-Doitsu-Ogon. Jede der großen Doitsu-Schuppen auf dem Rücken ist schwarz, wodurch ein wundervoller Kontrast zu dem orangeglänzenden Körper entsteht.

Hikari-moyomono

Hikari-moyomono sind Hikarimono mit einer Fleckenzeichnung aus zwei oder mehr Farben. Man unterscheidet zwei Formen: Moyo-Typen und Hariwake-Typen.

Bei Moyo-Typen handelt es sich um Kreuzungen zwischen Ogon und anderen Koi, außer Utsuri. Hierzu gehören Platinum-Kohaku, Yamoto-Nishiki, Kinsui, Ginsui, Shichikubai, Kujaku-Ogon, Kujaku-Doitsu, Sakura-Ogon, Kin-zakura, Gin-Bekko und Tora-Ogon.

Bei Hariwake ist die Musterung mit Gold und Silber durchsetzt, und eine der Körperfarben ist Platin. Man unterscheidet Hariwake, Yamabuki-Hariwake, Orenji-Hariwake, Hariwake-Matsuba usw.

Zu den Doitsu-Formen der Hariwake gehören Yamabuki-Hariwake-Doitsu, Orenji-Hariwake-Doitsu, Kikusui und Hyakunen-zakura. Ein vorzüglicher Hikari-moyomono hat einen guten Körperglanz und eine klare und gut ausbalancierte Musterung.

Hikari-moyomono-Formen

Platinum-Kohaku

Ein anderer Name für diese Form ist Kin-Fuji. Es sind Kreuzungen zwischen Ogon und Kohaku. Ihre platinfarbene Körpergrundfarbe wird von Rotmustern überlagert. Ein wirklich glänzendes Rot (Hi) ist aber selten, meistens sieht man ein gelbliches Rot. Vorzügliche Exemplare haben einen rein platinfarbenen Kopf und ebensolche, glänzende Brustflossen.

Platinum-Kohaku, 20 cm, ausgestellt auf der 27. All Japan Show 1991 (Foto: Z.N.A.)

Yamoto-Nishiki

Diese wurden 1965 von Seikichi Hoshino in Yamakoshi Village produziert und sind der Hikarimono-Typ von Taisho-Sanshoku. Ebenfalls in Yamakoshi Village züchtete Sadaharu Hoshina im Jahre 1968 eine ähnliche Variation, den Koshi-Nishiki, heraus. Beides sind zwei unterschiedliche Yamoto-Nishiki.

Heutzutage werden sehr gute Exemplare mit beständigem Platin, tiefer Rotfärbung und gut definiertem Schwarz (Sumi) gezüchtet.

Yamoto-Nishiki, 40 cm, 2. Platz in der Hikari-moyomono-Größenklasse 40 cm auf der 32. All Japan Show 1996 (Foto: Z.N.A.)

Kinsui und Ginsui

Beides sind Hikarimono-Typen der Shusui. Dabei tragen Kinsui mehr Rotmuster als Ginsui. Beide Typen haben einen sehr starken Glanz. Besonders prächtig sind einjährige und zweijährige Fische. Wenn sie größer werden, verlieren sie aber leider ihren Glanz und damit ihren Wert.

Shochikubai

Shochikubai sind Hikarimono-Typen der Aigoromo (Indigo-Goromo), die sehr selten sind. Sehr wertvoll sind Exemplare mit sauberen Indigomustern und schönem Glanz über Kopf und Körper bis zu den Spitzen der Brustflossen.

Kujaku-Ogon und Kujaku-Doitsu

Kujaku-Ogon

Kajaku-Ogon wurden erstmals 1960 von Toshi Hirasawa in Ojiya durch Verpaaren eines Shusui-Weibchens mit einem Matsuba-Ogon-Männchen und einem Hariwake-Männchen produziert. Am Anfang entstanden daraus viele Doitsu-goi. Ihren Namen Kujaku (Pfau) erhielten sie, weil dieser Hikarimono mit Sumi (Schwarz) einer Pfaufeder gleichen soll.

Der Kujaku-Ogon trägt das glänzende Netzmuster des Asagi, das stellenweise von Hi-Mustern überlagert ist. Mit dieser excellenten Färbung nimmt er einen Spitzenplatz unter den Hikari-moyomono ein, man nennt ihn auch Wagoi.

Kujaku-Ogon, 80 cm, 1. Platz in der Hikari-moyomono-Größenklasse 80 cm auf der 32. All Japan Show 1996 (Foto: Z.N.A.)

Beni-Kujaku

Einen Kujaku mit durchgehendem Rot über den ganzen Körper nennt man Beni-Kujaku. Gute Exemplare dieser Form sind sehr wertvoll.

Kujaku-Doitsu

Bei diesem Doitsu-Typ des Kujaku-Ogon sind die Rückenschuppen schwarz und wie stilisierte Büschel von Kiefernnadeln geformt. Die Hi-Markierungen erscheinen wie aufgelegt.

Sakura-Ogon

Dieser Name wurde einem getüpfelten Kohaku (Kanoko-Kohaku; Kanoko = Rehkitz) mit Körperglanz (Hikari) gegeben.

Gin-Bekko

Gin-Bekkos produzierte man durch Kreuzung eines Shiro-Bekko mit einem Platinum-Ogon. Die Basisfarbe Weiß erhielt dadurch einen Platinglanz, worauf das Schwarz wie bei einem Shiro-Bekko angeordnet ist.

Tora-Ogon

Hierbei handelt es sich um den Hikarimono-Typ des Ki-Bekkos. Die schwarzen Flecke des Ki-Bekkos liegen auf einem goldglänzenden Körper. Ein wunderschöner, aber sehr seltener Koi.

Hariwake

Ein Hariwake ist ein Kujaku mit goldenen und silbernen Mustern auf dem Körper. Excellente Fische dieser Form haben einen rein platinfarbenen Kopf, der Körper und die Brustflossen weisen einen guten Glanz auf. Die Muster sollen klar begrenzt und gut ausbalanciert sein.

Bild links: Landschaftlich gut angelegter Koiteich in England

Yamabuki-Hariwake

Yamabuki-Hariwake sind Yamybuki-Ogon mit "Platinintarsien". Auch der Kopf soll einen guten Platinglanz haben.

Orenji-Hariwake

Hierbei handelt es sich um einen Orenji-Ogon mit Platineinlagen.

Orenji-Hariwake-Doitsu, 35 cm, ausgestellt auf der 2. Potomac Chapter Nishikigoi Show (Foto: Z.N.A.)

Kikusui, 25 cm, erhielt den Tategoi-Preis auf der 3. Chubu Branch of Toyama Young Nishikigoi Show (Foto: Z.N.A.)

Kikusui, 75 cm, zweitbester Hikarimoyomono in seiner Größenklasse auf der 31. Z.N.A. All Japan Nishikigoi Show 1995 (Foto: Z.N.A.)

Hariwake-Matsuba

Ein Hariwake-Matsuba ist ein Hariwake-Ogon mit Matsuba-Beschuppung, d.h., der platinfarbene Körper ist von einer Matsuba-Zeichnung überlagert. Auch wenn sich die Platinfarbe nur auf den Kopf beschränkt, handelt es sich um einen Hariwake-Matsuba.

Yamabuki-Hariwake-Doitsu

Dies ist der Doitsu-Typ des Yamabuki-Hariwake. Es handelt sich um sehr beeindruckende Fische, weil bei einem Doitsu-goi alle Farben und auch das Platin klarer hervortreten. Dabei werden wegen der großen Rückenschuppen der Spiegelkarpfen- und Zeilkarpfentyp hochgeschätzt. Aber auch der Lederkarpfentyp hat hohen ästhetischen Wert.

Orenji-Hariwake-Doitsu

Der Orenji-Hariwake-Doitsu ist die Doitsu-Form des Orenji-Hariwake.

Kikusui

Kikusui sind wegen ihrer Farbenpracht für viele Koiliebhaber sehr begehrenswert. Es sind Yamabuki-Hariwake-Doitsu oder Orenji-Hariwake-Doitsu, die schöne, symmetrisch angeordnete "Webmuster" aus glänzendem Gelb (Yamabuki) oder Orange auf beiden Seiten des Bauches tragen. Dies erhöht den strengen Kontrast zum Platin auf dem Kopf und auf dem Rücken.

Kin-Showa, 50 cm,
1. Platz in der Hikari-utsurimono-Größenklasse 50 cm auf der 33. All Japan Show 1997 (Foto: Z.N.A.)

Hyakunen-Zakura

Hierbei handelt es sich um einen Kikusui mit glänzendem Fukurin auf den Rückenschuppen.

Hikari-Utsurimono

Unter diesem Namen hat man alle Hikarimono-Typen der Utsuri zusammengefaßt, die durch Kreuzung von Utsuri-Koi mit Ogon-goi produziert wurden. Es werden unterschieden: Kin-Showa, Gin-Showa, Gin-Shiro und Ogon-Utsuri.

Wie Hikari-Moyomono haben auch die Hikari-Utsurimono einen guten Glanz auf dem ganzen Körper und auf den Brustflossen, sowie gut ausballancierte Muster.

Gin-Showa, 40 cm,
1. Platz in der Hikari-utsurimono-Größenklasse 40 cm auf der 32. All Japan Show 1996 (Foto: Z.N.A.)

Hikari-Utsurimono-Typen

Kin-Showa und Gin-Showa

Beide entstanden durch Kreuzung von Showa-Sanshoku mit Ogon-goi. Man nennt solche mit starker goldener Färbung Kin-Showa, während die mit starker Platinfarbe Gin-Showa heißen. Die Schwierigkeit in der Zucht beider Varianten besteht darin, daß durch den starken Glanz die Hauptfarben fader erscheinen. So wird das

Gin-Shiro, 65 cm, 2. Platz in der Hikari-utsurimono-Größenklasse 65 cm auf der 32. All Japan Show 1996 (Foto: Z.N.A.)

Kin-Ki-Utsuri, bester Hikari-utsurimono, erhielt den Amerika-Preis auf der 30. Anniversary Tottori Chapter Nishikigoi Show (Foto: Z.N.A.)

Kin-Ki-Utsuri, (Foto: Z.N.A.)

Kin-Hi-Utsuri, 85 cm, bester Hikari-Utsuri auf der 28. All Japan Combined Show (Foto: Z.N.A.)

Ginrin Kohaku, 30 cm, ausgestellt auf der 30. All Japan Show 1994 (Foto: Z.N.A.)

Ginrin-Sanke, 40 cm, ein Spitzenkoi auf der 30. All Japan Show 1994 (Foto: Z.N.A.)

Ginrin-Showa, 55 cm, wurde auf der 31. All Japan Show ausgezeichnet (Foto: Z.N.A.)

Hervorragender Ginrin-Tancho-Kohaku. Ginrin-Tancho werden in der Kinginrin-Gruppe 1 gewertet

Ginrin-Soragoi, 65 cm, Bester in der Kinginrin-Gruppe 2 auf der 33. Z.N.A. All Japan Nishikigoi Show 1997 (Foto: Z.N.A.)

Ginrin-Goshiki, 35 cm, Zweitbester in der Kinginrin-Gruppe 2 auf der 33. Z.N.A. All Japan Nishikigoi Show 1997 (Foto: Z.N.A.)

Hi (Rot) gelblich und das Sumi (Schwarz) wird fad und fleckig. Jedoch sind oft schon sehr gute Exemplare mit tiefem Hi und starkem Sumi zu sehen, so daß diese Variante immer mehr Freunde gewinnt.

Gin-Shiro

Hierbei handelt es sich um den Hikarimono-Typ des Shiro-Utsuri. Beim Gin-Shiro liegt das Sumi des Utsuri über einer Platin-Grundfarbe. Es ist besonders darauf zu achten, daß der Hikari-Effekt stark und das Sumi sehr solide ist, auch hier neigt das Schwarz zu Fleckigkeit.

Ogon-Utsuri

Ogon-Utsuri entstanden durch Kreuzung von Ogon-goi mit Ki-Utsuri oder Hi-Utsuri. So entwickelte man Hikarimono-Typen dieser beiden Formen.

Bisher gibt es viele Vertreter dieser Zuchtformen mit gutem Glanz, aber es fehlt meistens an gutem, starkem Schwarz (Sumi). Trotzdem sind heutzutage schon auf Koi-Ausstellungen große Ogon-Utsuri zu sehen, die gute Brillanz in der Farbe aufweisen.

Kinginrin

Die Bezeichnung Kinginrin setzt sich aus den drei japanischen Worten Kin = Gold, Gin = Silber und Rin = Schuppen zusammen. Man bezeichnet damit Koi, die zusätzlich zu ihrer Standardfarbe und Standardzeichnung viele (mehr als 20) leuchtend gold- und/oder silberglänzende Schuppen tragen. Diese glänzenden Schuppen sollen möglichst in zwei, drei oder mehr Reihen links und rechts des Rückgrates angeordnet sein. Besonderer Wert wird darauf gelegt, daß die Glanzschuppen dicht an der Rückenflossen beginnen.

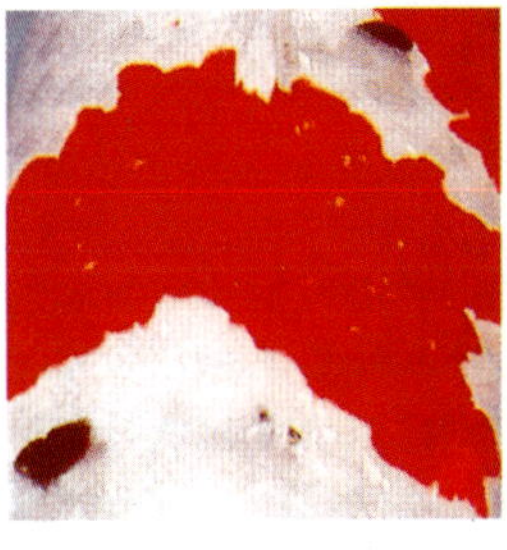

Kado-gin (Foto: Z.N.A:)

Sudare-gin (Foto: Z.N.A.)

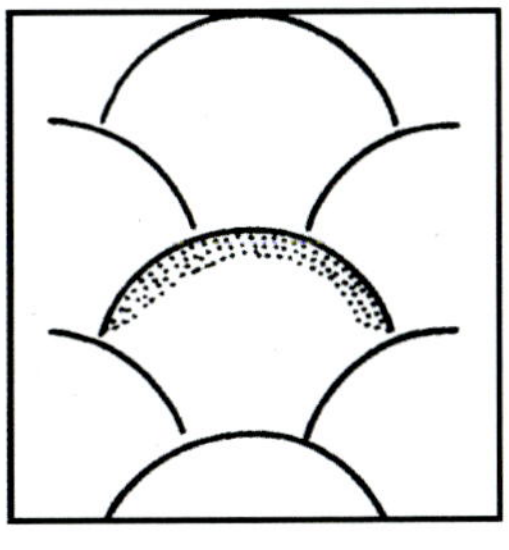

Kado-gin

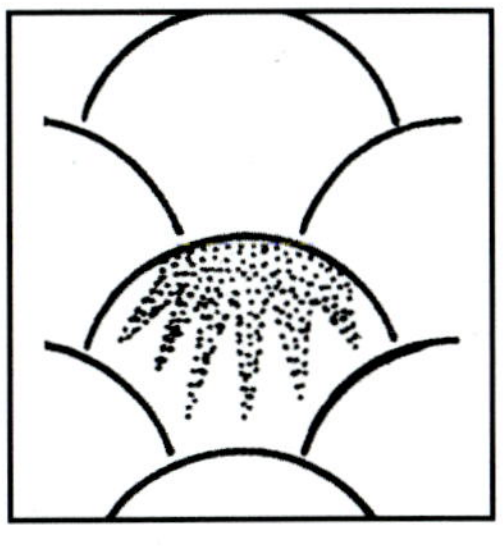

Sudare-gin

Ob Kinrin (Goldschuppen) oder Ginrin (Silberschuppen auftreten, hängt von der Untergrundfarbe ab, auf der sich die glänzenden Schuppen befinden. Über Rot leuchten die Schuppen golden, über Weiß und Schwarz erscheinen sie silbern. Kinginrin läßt sich auf alle Koizuchtformen aufzüchten. Aus diesem Grunde werden die Kinginrin auf allen Z.N.A. Shows in zwei Typen unterteilt:

- In Kinginrin-Typ 1, das sind Kinginrin-Kohaku, Kinginrin-Taisho-Sanshoku, Kinginrin-Showa-Sanshoku und Kinginrin-Shiro-Utsuri,
- und in Kinginrin-Typ 2, in die man alle anderen Basistypen eingruppiert. Außerdem unterscheidet man nach Herkunft und Erscheinungsbild verschiedene Qualitäten der Kinginrinbeschuppung:

1. Niigata-Ginrin (Zuerst 1929 in Niigata entstanden)
Dazu zählen:
- Kado-gin, Sudare-gin und Kasu-gin,
- Pearl-gin, auch Tama-gin oder Tsubo-gin genannt,
- Beta-gin

2. Hiroshima-Ginrin oder Hiroshima-Nishiki
(Um 1969 in Hiroshima herausgezüchtet).
Man nennt es:
- Dia-gin, auch Chara-gin oder Gacha-gin.

Kado-gin

Beim Kado-gin glänzt nur der äußere Rand der Schuppen.

Sudare-gin

Der Glanz des Sudare-gin strahlt vom Rand der Schuppe auf die ganze Schuppe aus. Je länger diese Strahlen sind, desto besser.

Kasu-gin (Schaum-Ginrin)

Hierbei handelt es sich um ein nicht sehr begehrtes Ginrin, das sich ungleichmäßig am Rand der Schuppe befindet.

Pearl-Gin (Perl-Ginrin)

Diese Ginrinform, die auch als Tama-gin oder Tsubo-gin bezeichnet wird, ist besonders attraktiv bei noch kleinen Koi. Aber leider verschwindet dieses Ginrin mit zunehmendem Alter mehr und mehr. Das Pearl-gin tritt als perlmutirisierende Zone auf jeder Schuppe reliefartig hervor.

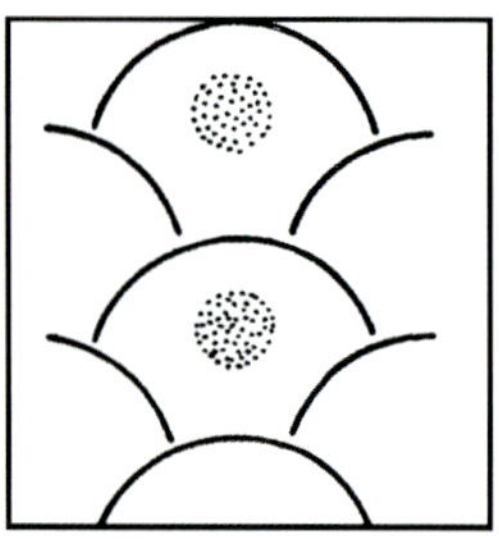

Pearl-gin

Beta-gin

Beta-gin stellt die höchste Qualität der Ginrin-Beschuppung dar, weil dabei die gesamte Schuppe glänzt. Leider sind diese Schuppen meistens nur verstreut angeordnet und bilden keine sauberen Schuppenreihen entlang des Rückens. Dagegen sind die Glanzschuppen mehr an den Körperseiten zu finden.

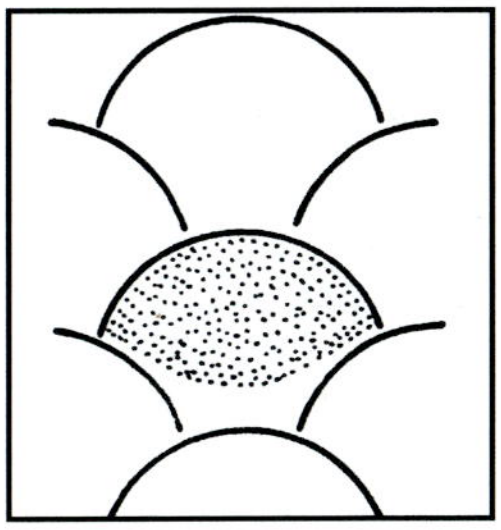

Beta-gin

Dia-gin (Diamant-Ginrin)

Das Dia-gin glänzt wie die Facetten eines geschliffenen Diamanten. Es ist meistens in sehr schönen, sauberen Reihen links und rechts der Rückenflosse angeordnet. Die Kinginrin-Beschuppung befindet sich als eine relativ junge Form noch sehr in der Entwicklung.

Bei der Einordnung auf Ausstellungen ist darauf zu achten, daß die Fische einerseits die ausreichende Menge glänzender Schuppen aufweisen, andererseits aber keine Koi mit Kinginrin-Beschuppung in die Basisgruppen eingeordnet werden. Beides führt zum Ausschluß von der Bewertung

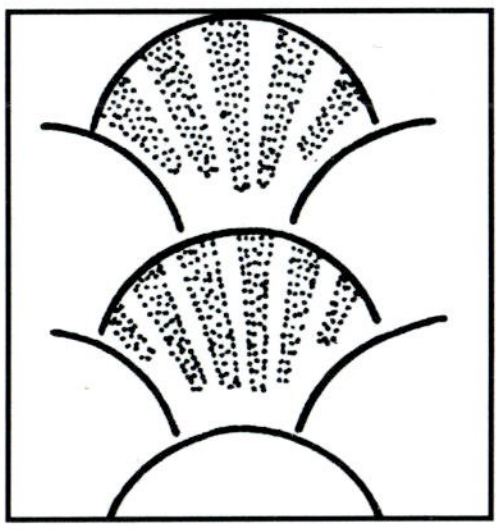

Dia-gin

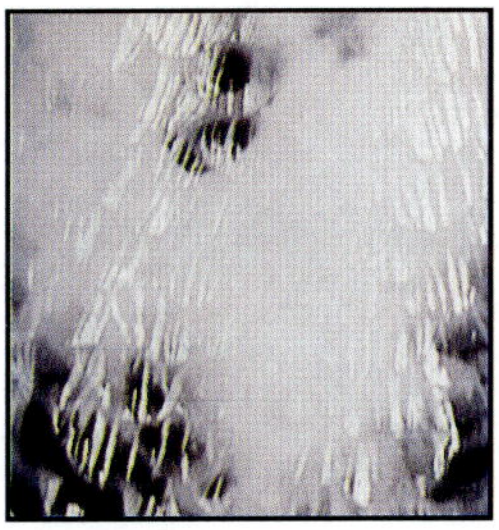

Dia-gin
(Foto: Z.N.A.)

Tancho

Ein Tancho ist ein Koi der außer einem runden, roten Fleck auf dem Kopf keine weiteren Rotmarkierungen auf dem Körper besitzt.

Tanchos sind allgemein sehr beliebt. In Japan genießt er eine gewisse Symbolik wegen der Ähnlichkeit zur japanischen Nationalflagge. Im Idealfall ist der rote Kopffleck groß, rund und gut auf dem Kopf plaziert. Er soll weder die Augen noch die Schulter bedecken. Der Fleck muß ein gutes Kiwa haben, also scharf begrenzt sein, mit tiefem, glänzendem und gleichmäßigem Rot.

Ein Koi der gleichzeitig einen Lippenfleck (Kuchibeni) hat, ist kein Tancho. Dagegen werden Fische mit von der runden Form abweichendem Kopfrot als Tancho akzeptiert. Es gibt solche mit Kopfrot in Form eines Ovals, eines Eies, eines Quadrates, eines Herzens oder eines Kreuzes, jedoch sind Tancho mit kreisrundem Fleck am wertvollsten. Außer dem Kopfrot ist für einen Tancho die reinweiße Körperfarbe von größter Wichtigkeit. Der Wert eines solchen Fisches sinkt, wenn die Haut auf dem Kopf oder um das Maul herum stumpf und gelblich sowie die des Körpers rötlich oder rauh ist.

Man unterscheidet drei Hauptgruppen von Tancho: Tancho-Kohaku, Tancho-Sanshoku und Tancho-Showa. Andere Tancho, wie z.B. Goshiki-Tancho sind noch sehr selten.

Tancho-Kohaku
(Foto: Z.N.A.)

Tancho-Sanke
(Foto: Z.N.A.)

Tancho-Kohaku

Da ein Tancho-Kohaku nur zwei Farben - rot und weiß - besitzt, wird auf diese beiden Merkmale größter Wert gelegt. Der Kopffleck muß gut geformt, scharf begrenzt und von glänzend roter Farbe sein. Dem Weiß der Haut wird bei der Bewertung größere Aufmerksamkeit als dem anderer Kohakus geschenkt.

Tancho-Showa
(Foto: Z.N.A.)

Tancho-Sanshoku

Beim Tancho-Sanshoku wird neben dem exakten Kopfrot eine Schwarzzeichnung auf dem reinweißen Körper gefordert, die der eines Shiro-Bekkos (siehe dort) entspricht.

Tancho-Showa

Tancho-Showa besitzen außer dem gutgeformten, roten Kopffleck die Körperfärbung eines Shiro-Utsuri (siehe dort). Der rote Kopffleck darf bei dieser Form von Sumi (Schwarz) überlappt werden. Besonders hoch geschätzt wird ein Tancho-Showa, bei dem sich eine große Sumi-Markierung auf der Schulter befindet, und das Schwarz sich nach Art der Showa-Sanshoku über den Kopf bis zum Maul hinzieht.

Allgemeiner Stand der Koizucht

Heutzuge sind die Koi so bekannt, daß sie nahezu in allen Ländern der Welt verbreitet sind. Das bedeutet aber nicht, daß man überall in der Lage ist, qualitativ gute Koi zu züchten. Allgemein werden weitgehend alle Vorraussetzungen für eine zielgerichtete Zucht ignoriert, denn Vermehren ist nicht gleichzusetzen mit Züchten! So entstehen alljährlich große Mengen von miserablen Koi. Hauptsächlich liegt das daran, daß teilweise Binnenfischer, die gewohnt sind, in Tonnendimensionen zu denken, die Vermehrung übernehmen. Für sie ist der Gewinn beim Verkauf superschlechter Koi immer noch höher als beim Verkauf von Speisekarpfen. Andererseits liegt es daran, daß mit minderwertigem Zuchtmaterial oder mit Tieren begonnen wird, deren Herkunft unbekannt ist. Meistens sind es Fische von einem Händler, die von verschiedenen Züchtern geliefert wurden. Außerdem wird kaum Wert auf richtige Verpaarung und zielgerichtete Zucht gelegt. Oft kennt man nicht einmal die Standards der einzelnen Zuchtformen.

Richtige Verpaarung bedeutet, daß nur gleiche oder passende Zuchtformen miteinander verpaart werden. Unter zielgerichteter Zucht versteht man den Aufbau von Zuchtlinien über viele Fischgenerationen (siehe "Koi in den schönsten Wassergärten"). Das ist hauptsächliche ein zeitliches Problem, denn eine Fischgeneration muß man in gemäßigten Breiten mit etwa drei bis fünf Jahren ansetzen.

Die Koizucht in verschiedenen Ländern der Welt

Japan

Japan ist das Ursprungsland der heutigen Koi (Nishikigoi). Sie entstanden dort als Mutation in Speisekarpfenzuchten und zwar zuerst in der Umgebung von Niigata. Man züchtet sie nunmehr seit etwa 200 Jahren. Die intensive Zucht wird jedoch erst seit etwa 100 Jahren betrieben. Eine wirklich zielgerichtete Zucht nach der Vererbungslehre gibt es bestenfalls erst seit kurzem.

Durch die mehr oder weniger abgegrenzte Zucht in Familienbetrieben über lange Zeiträume haben sich verschiedene qualitativ gute und sehr gute Koistämme herausgebildet, die immer wieder hervorragende Nachzuchttiere erbringen. Dadurch ist Japan bis heute führend in der Qualität der Koinachzucht.

Koizüchterei in Kalifornien

Bild links: Auch in solchen Tempelbassins (Honkong) findet man Koi.

Hawaii

Koi waren sehr lange Zeit nur auf Japan bekannt. Erst nach dem Zweiten Weltkrieg exportierte man dann die ersten Koi nach Hawaii. Hier fanden sie vor allem durch die vielen japanischen Einwohner eine zweite Heimat. Dr. Takeo Kuroki gilt als einer der Pioniere bei dieser Verbreitung. Nachdem schon mehrere Jahre in Hawaii Koi-Ausstellungen mit Bewertung durch japanische Koihändler stattgefunden hatten, bestand der Eindruck, daß die Bewertung infolge der Professionalität manipuliert wurde. Deshalb lud man Dr. Kuroki (einen Hobby-Koizüchter) zur Bewertung ein. Ihm ist es auch zu verdanken, daß von diesem Zeitpunkt an einheitliche, japanische Bezeichnungen für die Koi-Zuchtformen angewendet wurden, bis dahin gebrauchte man unterschiedliche englische Fantasienamen.

Israel

Es gibt einige Länder, die versuchen, den Japanern die Führung in der Koizucht streitig zu machen. Dazu gehört in erster Linie das klimatisch sehr begünstigte Israel. In Israel werden große Mengen von Koi produziert, die teils schon recht gute Qualität haben. In der Masse gesehen, sind israelische Koi bis heute jedoch wesentlich minderwertiger als japanische. Das liegt hauptsächlich daran, daß man dort die Koi für den Verkauf nicht nach japanischem Standard selektiert, sondern jeden halbwegs ansprechend gefärbten Koi ver-

In China bestehen große Erfahrungen in der Goldfischzucht, und teilweise sind riesige Zuchtanlagen vorhanden. Außerdem ist das Klima in Südchina sehr günstig. Jetzt züchtet man hier auch Koi. (Foto: Wohlfeld)

kauft. So kommt es, daß man unter der Masse der israelischen Koi nur relativ wenige, ausstellungfähige Koi findet.

Kalifornien

Nachdem die Koi in Hawaii Fuß gefaßt hatten, kamen sie von dort aus zunächst nach Kalifornien. Nach meinen Beobachtungen werden in Kalifornien viele gute, teils sehr gute Koi gezüchtet. Das ist sicher ein Ergebnis der langen Beschäftigung mit Koi und liegt auch daran, daß die dortigen Koizüchtereien fast ausschließlich in japanischen Händen sind.

Taiwan

Hochwertige Koi liefert auch Taiwan. Die Taiwaner behaupten, daß sie nach Japan die besten Koi züchten. Auf jeden Fall kann ich aus eigener Beobachtung bezeugen, daß hier wirklich gute Koi gezüchtet werden. Unzweifelhaft ist das auch durch das Geschick der Chinesen im Umgang mit Fischen begründet. So wird es sicher nicht allzu lange dauern, bis auch die Volksrepuplik China eine wichtige Rolle in der Koizucht spielen wird. Die ersten Anfänge wurden schon gemacht.

Malaysia und Thailand

Wegen des günstigen Klimas beschäftigen sich auch Züchter in Malaysia und Thailand mit der Koizucht. Teils beziehen sie offensichtlich auch Koilaich aus Japan und ziehen dann die Jungfische bis

Bild unten rechts: Verkaufsanlage einer Koizüchterei in Taiwan

Dekorativer Koiteich auf einem Hochhaus in Honolulu, Hawaii

zur Verkaufsgröße auf. In Gesprächen mit malayischen Züchtern beklagten diese, daß sie nach einigen Koigenerationen Probleme mit der maximalen Größe der Fische haben. - Es ist allgemein bekannt, daß Karpfen in tropischen Ländern schon mit einem halben bis maximal zwei Jahren geschlechtsreif werden, aber wesentlich kleiner als in gemäßigten Breiten bleiben.

Südafrika

Auch in Südafrika gibt es schon lange eine Menge interessierter Koiliebhaber, die regelmäßig Koi-Ausstellungen veranstalten. Dementsprechend haben sich dort natürlich auch schon seit langem viele Koihändler niedergelassen. Das Klima ist in Südafrika sehr günstig für die Koihaltung. Neuerdings werden auch Fische von recht guter Qualität gezüchtet und exportiert.

Europa

In Europa hat England die längsten Traditionen in der Koihaltung. Englische Nachzuchtfische sind jedoch wie die deutschen unterdurchschnittlich in der Qualität. Man bezeichnet die Koinachzuchten in Europa als Eurokoi.

Koi Hunting

Koi Hunting ist eine Jagdleidenschaft, die preislich durchaus vergleichbar mit einer teuren Trophäenjagd ist, nur, sie ist weniger blutig.

Koi Hunting betreibt man einzeln oder in Gesellschaft von Gleichgesinnten. Sinn dieser Jagd, die sowohl von Liebhabern, als auch von Profis betrieben wird, ist es, schöne und exquisite Koi zu finden und zu einem möglichst bezahlbaren Preis zu erwerben. Verständlich ist bei einer Gesellschaftsjagd, daß dabei oft ein gewisses Konkurrenzdenken den Preis eines bestimmten Koi in die Höhe treibt. Manch einer läßt sich wie ein Spieler durch die Leidenschaft dazu hinreißen, weit über seine Verhältnisse zu bieten.

Schon der Besuch des ortsnahen Koihändlers ist ein Koi Hunting. Um dabei Ärger mit dem Ehepartner zu vermeiden und im Bereich des Möglichen zu bleiben, ist es sinnvoll, die ganze Familie daran zu beteiligen. Das Koi Hunting wird durch die Vielfalt des Angebots eingeleitet. Da schwimmen je nach Größe der Fische Hunderte oft sehr verschiedene Koi. Das Herausfinden eines einzelnen, relativ kleinen Koi ist am meisten nervenaufreibend, dafür aber im allgemeinen nicht so preisintensiv. Es ist zunächst wichtig, das Blickfeld

Koiteich in einer öffentlichen Parkanlage in Taiwan

Koiteich in San Diego (Kalifornien)

Kleiner Koiteich hinter dem Grandhotel in Taipei

Gärten und Teiche

Plastikteiche

Plastikfolienteiche mit Betonkragen

Die bei uns am häufigsten gebauten und preislich günstigen Koiteiche sind Plastikfolienteiche. - Vergleiche dazu den Bau und ihre Vor- und Nachteile in "Koi in den schönsten Wassergärten". -

Probleme kann man bei Plastikfolienteichen aber unter anderem in der Uferzone bekommen. Besonders, wenn das Ufer steilwandig durch eine Mauer gestaltet werden soll, oder wenn große Steine das Ufer belasten. In beiden Fällen benötigt man einen festen Untergrund in Form eines Fundamentes. Deshalb will ich hier den Bau eines Plastikfolienteiches mit Betonkragen beschreiben:

Nachdem die Form und Größe des Teiches auf dem Baugrund aufgezeichnet wurde, (man kann dazu ein Farbspray verwenden) zeichnet man im Abstand von etwa 40 bis 50 Zentimetern nach außen eine zweite Linie auf. Nun wird das Erdreich zwischen den

Landschaftlich sehr gut gestalteter Koiteich der Familie Grubendorfer in Deutschland.

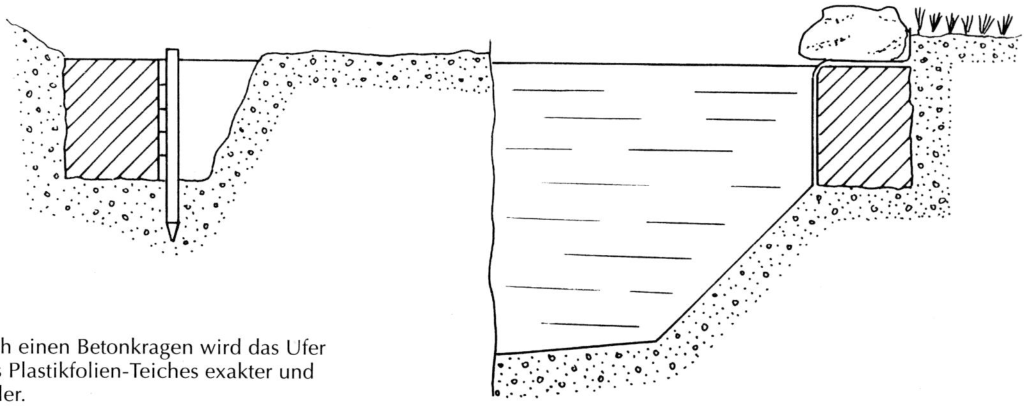

Durch einen Betonkragen wird das Ufer eines Plastikfolien-Teiches exakter und stabiler.

beiden Linien gemäß Zeichnung etwa 50 bis 80 cm tief ausgehoben, so daß ein entsprechender, steilwandiger Graben entsteht. Bei 80 Zentimetern Tiefe befindet man sich unter der Frostgrenze und braucht keine Befürchtungen wegen eventueller Frostverwerfungen zu haben. Es ist darauf zu achten, daß die Sohle des Grabens weitgehend waagerecht wird. Damit die innere Wandung des so entstehenden Fundamentes im Endzustand möglichst glatt ist, setzt man vorher, wie aus der Zeichnung ersichtlich, eine Schalung (Schaltafeln oder Bretter) ein. Besonders bei nur 50 cm tiefem Graben ist außerdem das Einbringen einer Eisenarmierung vorteilhaft. Anschließend wird der Graben mit erdfeuchtem Beton im Mischungsverhältnis Zement : Kies/Sand = 1 : 3 bis 1 : 4 lagenweise gefüllt und festgestampft. Schon am nächsten Tag sollte man die Schaltafeln entfernen und die nach innen weisende, scharfe Betonkante mit einem Reibebrett brechen und abrunden. Außerdem sind eventuelle, durch die Schalung entstandene, scharfe Absätze zu glätten, damit hier später keine Probleme mit der Folie entstehen.

Nachdem der fertige Betonkragen unter täglichem Anfeuchten etwa 4 Wochen abgebunden hat, wird nun das Erdreich innerhalb des Betonkragens ausgehoben. Dabei ist besonders darauf zu achten, daß unterhalb des Betonkragens nicht zu steilwandig ausgegraben wird, damit es auch später nicht zu einem Erdrutsch kommt. Der mögliche Böschungswinkel richtet sich nach der Art des Bodengrundes. Er ist am flachsten bei sandigem und kann am steilsten bei lehmigen Bodenverhältnissen sein. Außerdem darf der Betonkragen keinesfalls unterhöhlt werden. Die weiteren Arbeiten, wie das Einbringen der Folie und das Füllen mit Wasser, können, wie bei Folieteichen beschrieben, ausgeführt werden. Um Zerstörungen der Folie vorzubeugen, sollte die Folie auf dem Betonkragen auf jeden Fall mit Teichvlies unterfüttert werden. Das Abschneiden der überschüssigen Folie erfolgt erst nach vollständiger Wasserfüllung nach etwa 14 Tagen.

Vor Ort gefertigte GFK-Teiche

Teiche aus glasfaserverstärktem Polyester sind sehr stabil und haltbar. Leider sind die im Handel üblichen Fertigteiche meistens nicht groß genug und vor allem nicht tief genug.

Ein aus Polyester und Glasseide gebauter Teich verspricht nach heutigem Stand der Technik höchste Qualität und Lebensdauer. Ohne Sonnenschutz der Randzone infolge der UV-Strahlung etwa 20 Jahre. Bei Vermeidung von UV-Belastung ist die Haltbarkeit wesentlich größer.- So ist die einmalige, teure Investition auf längere Zeit gesehen, doch eine kostengünstige Bauweise. Es lohnt sich zu überlegen, ob der Bau eines Koiteiches aus glasfaserverstärktem Polyester an Ort und Stelle in Frage kommen könnte.

Man unterscheidet für die Vorbereitung des Untergrundes, die zum Aufbringen des Polyesterharzes und der Glasseidenmatten notwendig ist, fünf Möglichkeiten des Baues:

1. Die Bitumenpapier-, bzw. Gärtnerfolien-Methode
2. Die Gips-Jute-Methode
3. Die Zementmörtel-Methode
4. Die Spanplatten-Methode
5. Die Mauerstein-Methode

Die Bitumenpapier-, bzw. Gärtnerfolien-Methode

In die ausgehobene Teichgrube werden zunächst alle notwendigen Rohre für Filterung usw. verlegt, dann verfestigt und glättet man den Untergrund der Teichgrube mit der Schaufel. Nun wird auf die gesamte Fläche der Grube Bitumenpapier oder Folie, auch stückweise mit Überlappungen so ausgebreitet, daß beides etwa 20 bis 30 cm über den Rand reicht und dort mit aufgelegten Steinen fixiert werden kann. Damit sich an den Rundungen keine Falten bilden, ist es empfehlenswert, dort kleinere Stücke zu verwenden und sich überlappen zu lassen. Alle Überlappungen verklebt man mit Tesakrepp oder Tesafilm. Beim Beschichten mit Polyestergemisch und Glasfaser empfiehlt es sich, zuerst die Seiten und zuletzt den Boden zu bearbeiten.

內觀

Die Gips-Jute-Methode

Nach Einbringen der Rohre und Glätten der Teichgrube schneidet man Jutegewebe in handliche Stücke von 0,5 bis 1 m^2 Größe. Dann wird Gips zusammen mit Gipsabbindeverzögerer in einem Behälter zu einem dünnen Brei angerührt. Darin tränkt man die Jutestücke, tapeziert mit ihnen das Erdreich der Teichgrube und streicht sie mit den Händen (Gummihandschuhe verwenden) oder einer Kelle glatt. An den Stoßstellen müssen die Stücke mindestens 5 cm überlappen. Etwa einen Tag später ist das Ganze ausgehärtet, und es kann dann mit der Polyester- und Glasseidenbeschichtung begonnen werden.

Die Zementmörtel-Methode

Früher hat man Gartenteiche nur aus einer relativ dünnen Zementmörtelschicht gebaut.Dabei gab es aber immer wieder Probleme mit Rißbildungen und anschließendem Wasserverlust. Durch die zusätzliche Beschichtung mit Glasseide und Polyester erreicht man eine solche Verstärkung, daß bei Rißbildung im Untergrund nichts passiert.

Bei Zementmörtel-Teichen ist vor dem Laminieren mit Glasseide und Polyester eine Grundierung mit G4 (siehe Seite 100) erforderlich. Diese kann erst nach einer Aushärtungszeit des Mörtels von mindestens 4 Wochen aufgebracht werden. Auch alte Betonteiche können auf diese Weise mit glasfaserverstärktem Polyester wieder in Ordnung gebracht werden.

Die Spanplatten-Methode

In die entsprechend der späteren Teichform ausgehobene Grube wird aus verrottungsbeständigen, phenolharzgetränkten Spanplatten mittels untergelegter Bretter an den Stößen und Ecken ein entsprechender Kasten zusammengenagelt oder geschraubt. Dabei sollte man darauf achten, daß die Uferwände wegen des Erd- und eventuellen Eisdruckes etwa 15° nach außen geneigt werden. Auch bei dieser Methode müssen die vorgesehnen Rohre für Zu- und Abflüsse mit eingearbeitet werden.

Das zunächst nicht allzu stabile Gebilde wird durch drei aufgebrachte Glasfaser-Polyesterlagen sehr haltbar. Man sollte aber darauf achten, daß der so gefertigte Kasten überall gut auf der umgebenden Erde aufliegt und sich keine Hohlräume darunter befinden. Die Methode hat gegenüber den bisher beschriebenen den Vorteil, daß

Bilder S. 96 und 97: Chinesische Gartenanlagen (hier in Honkong) fallen durch sehr bizarre Steine auf.

der Teich sehr exakt in der Form und sehr glatt und eben in der Oberfläche gestaltet werden kann.

Die Mauerstein-Methode

Nach Ausheben der Baugrube und Verlegen der Bodenabflußrohre wird zunächst der Teichboden aus etwa 10 cm dickem und armiertem Beton (Mischungsverhältnis 1 : 3) eingebracht. Darauf mauert man dann die je nach Teichtiefe bis etwa 24 cm starken Außenwände aus Betonsteinen auf. Nachdem die Innenecken mit Zementmörtel abgerundet und alle Fugen sauber verschmiert wurden, muß alles 4 Wochen lang aushärten. Dann kann nach Aufbringen der Grundierung G4 (wie bei Zementmörtel-Teichen) mit dem Aufbringen der drei Glasfaserlagen mit Polyesterharzgemisch gemäß Zeichnung auf Seite 101 begonnen werden.

Welche Methode ist die beste?

Die einzelnen Methoden sind je nach handwerklichem Geschick anwendbar. Sie unterscheiden sich nur durch die Trägerschicht, auf die die einzelnen polyestergetränkten Glasseidenlagen aufgebracht werden.

Auch so kann man den Rand eines Polyester-Koiteiches gestalten. Es müssen nicht Tonnen von großen und kleinen Steinen sein. (Detail des Koiteiches der Familie Grubendorfer, Deutschland)

Die Methoden 1 bis 3 sind für alle Teichformen mit relativ flach auslaufendem Ufer geeignet, die Oberfläche des fertigen Teiches ist zwar glatt, jedoch je nach Gestaltung der Unterlage mehr oder weniger uneben. Die Trägerschichten sind bei diesen Methoden bis auf die Zementmörtel-Methode nicht tragfest, die alleinige Tragfähigkeit übernimmmt der ausgehärtete Kunststoff mit der Glasfaserverstärkung.

Mit der Spanplatten- und Mauer-Methode sind dagegen einwandfrei glatte, ebene und exakte Formen möglich. Bei diesen Bauweisen können die Trägerschichten - Spanplatten oder Mauerwerk- die ganze oder einen Teil der Tragfähigheit übernehmen.

Welche Materialien sind für das Laminieren erforderlich?

Für das Beschichten von 5 m^2 Fläche benötigt man bei drei Lagen Glasmatte folgende Materialien:

1 Ltr. Grundierung G4 (Haftgrund)
16 m^2 Glasmatte 450 g/m^2
30 kg Polyesterharz Azur
2 kg Schnellversiegelung N 35 BT
1 kg Schlußlack
1 kg UP-Farbpaste
1 kg MEKP-Härter
5 Ltr. Reinigungsmittel A
1 Fellroller mit etwa 1,5m langem Stiel
1 Metallscheibenroller mit etwa 1,5m langem Stiel

Hersteller ist die Firma Voss Chemie GmbH, D-25436 Uetersen

Umgang mit Polyesterharzen und Arbeitsschutz

Beim Umgang mit diesen Harzen unbedingt für gute Lüftung sorgen.Bei der Verarbeitung des Härters müssen Handschuhe und Schutzbrille getragen werden. Spritzer auf der Haut sollte man mit Seife und warmem Wasser abwaschen. Gerät Härter ins Auge, so ist sofort mehrere Minuten lang mit klarem Wasser oder mit 2%iger, wäßriger Natrium-Bikarbonat-Lösung (aus einer Augenwaschflasche) zu spülen. Anschließend ist ein Augenarzt aufzusuchen.

Unbedingt die sicherheitstechnischen Hinweise auf den Verpackungen und den Merkblättern lesen und beachten! Niemals Beschleuniger und Härter direkt mischen!

Lagern des Materials:

Härter getrennt von Beschleunigern lagern. Lagerzeit: 6 Monate. Härter und Verstärkungsmittel trocken zwischen 5 und 20 °C lagern.

Wie geht man beim Beschichten vor?

Das Grundieren, Einstreichen mit Haftgrund G4, ist nur bei gemauertem oder betoniertem Untergrund notwendig. Der Haftgrund muß etwa 1 bis 4 Stunden trocknen. Für den ersten Anstrich, der mit dem Fellroller aufgebracht wird, mischt man Polyesterharz Azur mit 1% MEKP-Härter nach Gebrauchsanweisung. Auf diesen Anstrich wird stückweise Glasmatte aufgelegt und jeweils mit einem Polyesterharzgemisch (Typ Azur und 2% MEKP-Härter) mittels des Fellrollers und des Metallscheibenrollers getränkt. Dabei müssen mit dem Metallscheibenroller alle Luftblasen herausgedrückt werden. An den Stoßstellen läßt man die Glasmatten etwa 3 cm überlappen. Um starke Absätze zu vermeiden, ist es zweckmäßig, die Ränder der einzelnen Lagen auszuzupfen.

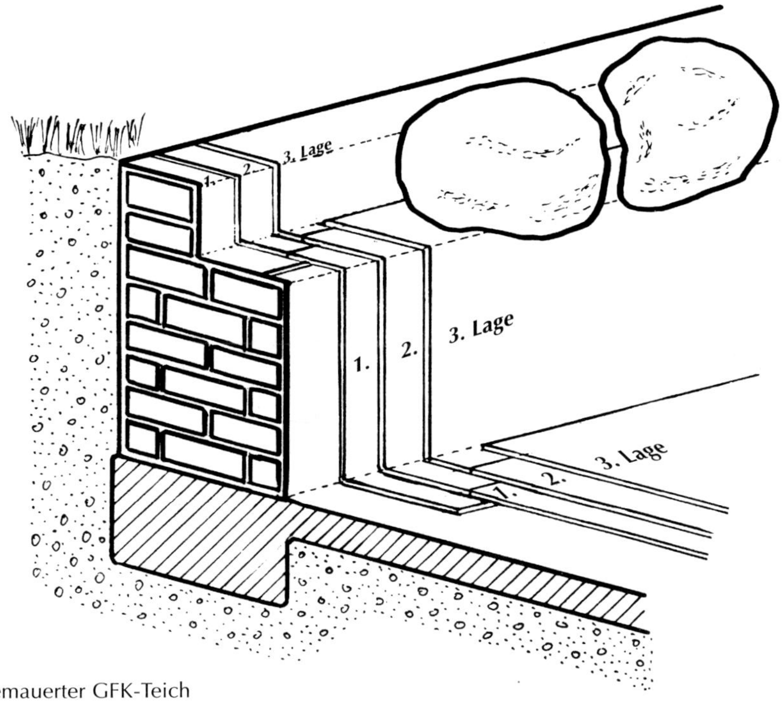

Gemauerter GFK-Teich

Das Beschichten des Teiches sollte bei trockenem und warmem Wetter, nicht in direkter Sonne vorgenommen werden. Das Harz härtet bei 18 °C nach etwa 40 Minuten aus. -Möglichst nicht unter 15 °C, keinesfalls unter 5 °C arbeiten!-

Es ist zu beachten, daß die sogenannte Topfzeit, d.h., die Zeit, die vom Anrühren bis einschließlich der Verarbeitung zur Verfügung steht, sehr unterschiedlich sein kann und abhängig von der Harzart, von der Verarbeitungstemperatur und der Verarbeitungsmenge ist. Man sollte die Zeit testen, indem zuerst nur eine relativ geringe Menge (1kg) angerührt wird. Um ein Abrutschen der einzelnen Lagen an vertikalen Flächen zu vermeiden, ist es sinnvoll, die unterste Lage angelieren zu lassen.

Nachdem so alle drei Schichten Glasgewebe aufgebracht wurden, erfolgt das abschließende Aufbringen einer Farbversiegelung (Gelcotschicht).

Nach Aushärten des zuletzt aufgebrachten Polyesterharzes werden etwaige Unebenheiten mit Schleifpapier geglättet. Nun mischt man Polyesterharz Typ N 35 BT mit 20% Farbpaste und gibt anschließend 3% MEKP-Härter zu. Für einen Koiteich eignet sich am besten schwarze Farbpaste. Die Versiegelung wird nach Aushärten des ersten Anstrichs in zwei Lagen aufgerollt. Zwei Stunden später bringt man die Schlußlackierung mit LK-Lack und 3% MEKP-Härter auf. Der LK-Lack kann farblos oder besser unter Beimischung von 5% Farbpaste verwendet werden.

Nach Fertigstellung soll der Teich dann mehrere Tage möglichst bei Sonnenschein nachhärten. Ausgehärtetes Polyesterharz ist für Zierfische unschädlich.

Einfaches Herstellen eines Betonteiches ohne Schalung

Allgemein scheut man sich in Deutschland, einen Betonteich herzustellen. Man fürchtet die Arbeit und den Aufwand. Und sicher wird auch daran gedacht, daß Beton etwas Endgültiges ist, das man nicht so leicht wieder entfernen kann.

Trotzdem ist ein Betonteich mit Ausnahme der gemauerten Betonsteinteiche - bestehend aus einer Beton-Grundplatte und mit Betonsteinen gemauerten und geputzten Wänden - im Preisvergleich immer noch eine der billigsten und bei richtiger Ausführung haltbarsten und sichersten Teichvarianten.

In Japan habe ich nicht einen einzigen Koihalter kennengelernt, der seine Koi der Unsicherheit eines Plastikfolienteiches überläßt. Dort sind mit Schalung und Armierung hergestellte Betonteiche eine Selbstverständlichkeit.

Der Bau einer genügend stabilen Schalung verursacht jedoch einige Kosten. Deshalb möchte ich hier die Möglichkeit beschreiben, einen Betonteich ohne Schalung zu bauen.

Wie geht man beim Bau vor?

Ein schalungsloser Betonteich hat im Querschnitt die Form einer Schüssel, d.h., die Seitenwände haben einen relativ flachen Böschungswinkel.

Nachdem man sich über die Form und Größe genau im Klaren ist, wird am besten eine Zeichnung angefertigt. Danach hebt man dann die Baugrube aus, und zwar etwa 25 cm tiefer als das Fertigmaß. Unnötige Auflockerung des Untergrundes ist dabei unbedingt zu vermeiden. Nun wird eine etwa 10 cm dicke Kiesschicht eingebracht und verdichtet. Kies als wasserdurchlässige Schicht ist wichtig, damit das fertige Bauwerk nicht später eventuell durch nassen Untergrund und Frost gehoben wird und dadurch Schaden nimmt.

Bild rechts oben: Ein drei Meter tiefer, privater Koiteich in Taiwan. Der Berg im Hintergrund besteht aus dem Aushub und ist den Taiwaner Gebirgen nachempfunden. In seinem Innern ist die Filteranlage untergebracht.
Bild rechts unten: Privater Teich eines Koizüchters in der Nähe von Taichung (Taiwan)

Der nächste Arbeitsgang ist das Herstellen einer Armierung, die genau der Form des Teiches entsprechen muß. Diese Armierung wird dann so abgestützt, daß sie sich etwa in der Mitte der vorgesehenen Betonstärke von 25 Zentimetern befindet. Die Arbeiten können wesentlich vereinfacht werden, wenn man für den Aushub des Teiches und für die Herstellung der Armierung Schablonen verwendet. So ist es möglich, die Armierung außerhalb des Teiches zu fertigen und sie dann hineinzuheben. Bei kleineren Teichen ist es noch einfacher, zuerst die Armierung in Form des Teiches als zusammenhängenden, stabilen Korb herzustellen und danach dann die Baugrube auszuheben.

Sind diese Vorarbeiten soweit gelungen, so kann jetzt der notwendige Fertigbeton im Mischungsverhältnis 1:3 bestellt werden. Das Einbringen des Betons erfolgt am besten mit einer Betonpumpe. Für die weiteren Arbeiten, das genaue Verteilen und das Glätten des Betons, werden mehrere Arbeitskräfte benötigt. In den oberen Rand des Teiches können gleich die Randsteine mit eingelegt werden. Dabei ist aber unbedingt darauf zu achten, daß der Randabschluß waagerecht wird.

Skimmer

Oft hat man im Koiteich große Probleme mit auf der Wasseroberfläche schwimmenden Partikeln. Das sind z.B. im Frühjahr große Mengen von Blütenblättern und im Herbst heruntergefallenes Laub. Beides führt letztendlich, wenn es nicht mit einem langstieligem Fischnetz abgekeschert wird, zu starker Verunreinigung des Teiches, und es dauert sehr lange, bis die schwimmenden Partikel

Bau eines schalungslosen Betonteiches (Foto: Hannen)

Der fertiggestellte Betonteich von Dr. Dieter und Helmi Hannen. Die einfache, kreisrunde Halbkugelform hat strömungs- und heizungstechnische Vorteile.

endlich absinken, dann durch die Bodenabläufe in den Filter gelangen und diesen stark belasten.

Für das Absaugen solcher auf der Wasseroberfläche befindlicher Teile ist ein Skimmer (to skim = abschöpfen) sehr nützlich. Es gibt viele verschiedene Skimmerkonstruktionen und bei weitem sind nicht alle gut geeignet. Am besten informiert man sich erst einmal bei anderen Koiliebhabern, wie sie mit einer bestimmten Ausführung zufrieden sind. Viele Skimmer sind unnötig kompliziert oder verstopfen leicht. Zwei der einfachsten und wirkungsvollsten sind auf den Fotos zu sehen.

Diese Skimmerbauart gehört zu den brauchbarsten

Dieser Teichüberlauf ist ebenfalls ein guter Skimmer.

Tips, Tricks und Ratschläge

Filter sind unbedingt notwendig für einen Koiteich

Ein Naturteich braucht keinen Filter, hier laufen alle Vorgänge, wie z.B. die Selbstreinigung und der Abbau von Schadstoffen dank des großen Wasservolumens und des Bodengrundes selbstständig ab. Allerdings wird er auch beim Besatz mit Karpfen, bzw. Koi stets trübe sein. Trotzdem erfreuen sich die Koi in einem Naturteich meistens bester Gesundheit. Sie wachsen sogar besser, sind gesünder und oft auch von besserer Farbe als Koi in einem speziellen, glasklaren Koiteich. Ist das ein Widerspruch? Nein, Karpfen und Koi sind Fische, die gern gründeln, und sie nehmen ihr Futter vorzugsweise vom Boden auf.

In einem Naturteich finden die Fische zusätzlich zu dem gereichten Futter auch allerlei lebendes Futter, wie Würmer, Schnecken, Wasserflöhe, Mückenlarven u.a. Das ist sicher eine Ursache für eine bessere Entwicklung. Eine zweite dürfte aber sein, daß die Fische in einem trüben Naturteich wesentlich weniger Streß haben. Ein Karp-

Auch ein naturnaher Koiteich wird durch eine dekorative Gartengestaltung schöner. (Besitzer Familie Grubendorfer, Deutschland)

fen (Koi) will nämlich immer gerne Deckung haben. Dazu nutzt er jeden Überstand und jedes Seerosenblatt. Er liebt es gar nicht, wenn er im freien, glasklaren Wasser allen Blicken ausgesetzt ist. Das bedeuted für ihn ständigen Streß, der noch wesentlich vergrößert wird, wenn er sein Futter von der Wasseroberfläche holen muß.

Für einen Naturteich braucht man aber Fläche und ein geeignetes Gelände. Nachteilig bleibt, daß er stets undurchsichtig trüb ist. Der Durchschnitts-Koiliebhaber möchte aber unbedingt seine Koi sehen und ist schon deshalb auf den üblichen Koiteich angewiesen, der obendrein meistens zu klein für die gehaltene Anzahl von Fischen ist. In einem solchen Koiteich muß alles, was in einem Naturteich die Natur erledigt, durch entsprechende Technik bewerkstelligt werden.

Besonders ein Anfänger in der Koihaltung ist nur sehr schwer davon zu überzeugen, daß vor allen Dingen ein ausreichend großer Filter unbedingt notwendig für einen Koiteich ist. Das liegt natürlich auch in erster Linie an den gepfefferten Preisen, die für Filter verlangt werden.

Immer wieder versucht man deshalb, ohne oder mit einem viel zu kleinen Filter auszukommen. Das Endergebnis ist dann, daß zu guter Letzt der Koiliebhaber nach vielen Verlusten aufgibt und den Koiteich wieder zuschüttet.

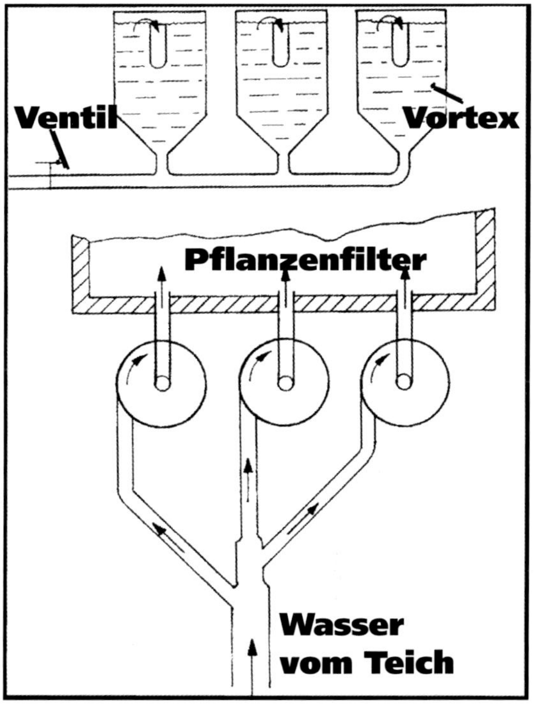

Das Parallelschalten mehrerer Vortex verringert die Durchflußgeschwindigkeit dieser Vorfilter und erhöht dadurch den mechanischen Reinigungsgrad.

Wie sollte eine wirkungsvolle Filterung aussehen?

Es gibt sehr viele, unterschiedliche Filter: Sand-Druckfilter, Absetzfilter, Mehrkammerfilter, Bodengrundfilter, Rieselfilter, Abschäumfilter und Pflanzenfilter, die ich in ihrer Wirkungsweise in "Koi in den schönsten Wassergärten" beschrieben habe. Das sind teilweise rein mechanische, aber meistens kombinierte mechanische und biologische Filter. Es ist nicht schwierig, einen Filter zu bauen. Dabei ist es aber besonders wichtig, daß er nicht zu klein ist und nicht zu häufig gereinigt werden muß. Besonders bei den vielen Koiliebhabern in Singapur konnte ich beobachten, daß diese alle recht gut funktionierende, selbstgebaute Filteranlagen haben, daß die meisten aber sehr häufig und umständlich, mindestens wöchentlich komplett gereinigt werden müssen.

Das Wichtigste an einem Filter ist, daß ein genügend großes Absetzbecken als Vorfilter vorhanden ist, wo sich trotz nicht zu geringer Durchflußgeschwindigkeit möglichst alle Schwebeteile absetzen können.

Mittels einer Abflußeinrichtung am Boden sollte dieses Absetzbecken schnell und problemlos zu reinigen sein. Es ist gleichgültig, ob ein solcher Vorfilter aus einem großen Absetzbecken, einem vorgeschalteten Teich (Vorfluter, wie bei Naturteichen) oder aus mehreren (zwei bis drei), parallel geschalteten Vortex besteht. Wichtig ist, daß die Strömungsgeschwindigkeit des durchfließenden Wassers sich im Vorfilter so verringern kann, daß sich möglichst der gesamte Schmutz absetzt, nicht weiter mitgerissen wird und die nachfolgenden, biologischen Filter belastet und verstopft.

Im Anschluß an den Vorfilter können dann alle bekannten Filter verwendet werden, die allerdings teils sehr teuer sein können (z.B. Mehrkammerfilter). Wenn möglich sollte man beim Vorfilter ohne Filtermaterialien, wie Bürsten und Matten auskommen. Solche Filtermaterialen erschweren die Reinigungsarbeiten oft extrem, besonders, wenn sie mit Fadenalgen zugesetzt sind.

Allgemein zu beobachtende Probleme bei schlechter Filterung

Um die Wasserwerte im Koiteich optimal zu halten, wird weltweit und besonders auch in Deutschland ein sehr teurer und teils wenig effektiver, technischer Aufwand betrieben. Z.B. werden oft große, schlecht ausgestattete Mehrkammerfilter eingesetzt, deren austretendes Wasser nicht einmal annähernd optisch klar ist, von den chemischen Werten ganz zu schweigen. Die Folge davon sind Algen, Algen und wieder Algen. Um der Algenplage Herr zu werden, verbessert man meistens nicht etwa die Filterung, insbesondere die Vorfilterung, sondern sucht nach anderen Methoden, um die Algen in den Griff zu bekommen. Ich habe beobachtet, daß das Teichwasser zum Teil durch Umkehrosmose entsalzt wird. Solches Wasser entspricht annähernd destilliertem Wasser. Natürlich enthält destilliertes Wasser kaum brauchbare Nährstoffe für Algen. Ihm fehlen aber gleichzeitig die Härtebildner. Es wird also weich und verliert seine Pufferung, so daß der pH-Wert leicht umkippt. Außerdem entzieht man ihm sämtliche, für die Koi wichtigen Spurenelemente. Um das auszugleichen, werden deshalb anschließend wieder bestimmte Chemikalien zugesetzt.

Die Folge von allem ist eine endlose "Wasserpanscherei" mit dauernden Wasserwertänderungen. Das bedeutet für Koi großen Streß, den sie gar nicht gut vertragen.

Die meisten Fische, und dazu gehören auch die Koi, sind sehr anpassungsfähig an verschiedene, wenn auch nicht ganz optimale Wasserwerte. Sie vertragen aber keine plötzlichen und dauernden Änderungen. Deshalb ist es in vielen Fällen immer noch am besten, mit den Wasserwerten auszukommen, die Leitungs- oder Brunnenwasser bieten.

Pflanzenfilter

Ich empfehle als nachfolgenden, biologischen Filter einen Pflanzenfilter zu verwenden. Ein solcher ist leicht selbst zu bauen, kostet nicht viel, ist am wirkungsvollsten und sehr wartungsarm.

Es hat sich in der Zwischenzeit auf breiter Basis herausgestellt, daß Pflanzenfilter bestens arbeiten. Sie brauchen keine Wartung, sie können bei einer Krankheitsbehandlung weiterlaufen oder problemlos abgeschaltet und danach ohne Reinigung wieder angeschaltet werden. Sie arbeiten trotz Pflanzenrückgangs auch im Winter, sollten aber zu dieser Jahreszeit wegen der Gefahr des Auskühlens und Einfrierens abgedeckt und/oder beheizt werden.

Wichtig ist, wie bei allen Filtern, daß die Vorfilter (Absetzfilter) groß genug sind, damit möglichst wenig Schmutzpartikel in den eigentlichen Pflanzenfilter gelangen und dort eine Schlammschicht bilden und eventuell zum Verfaulen und Schwarzwerden des Bodengrundes führen.

Pflanzenfilterkanal mit eingesetzten Pflanzkästen

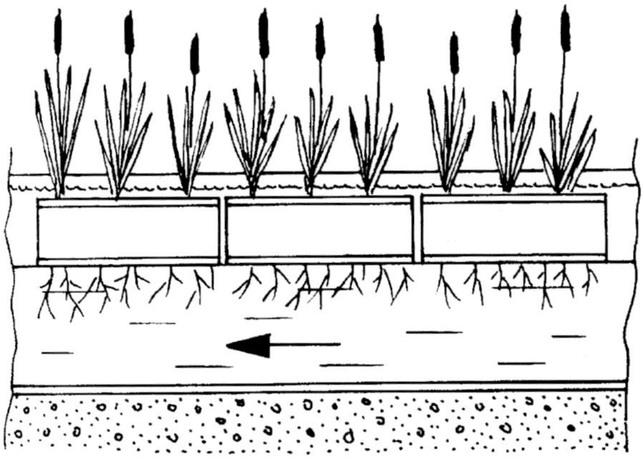

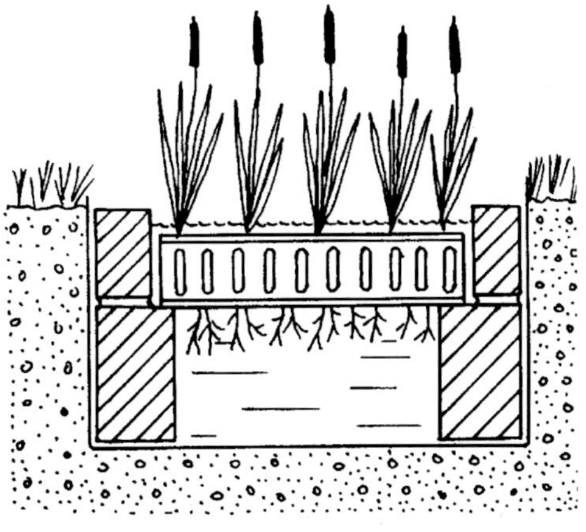

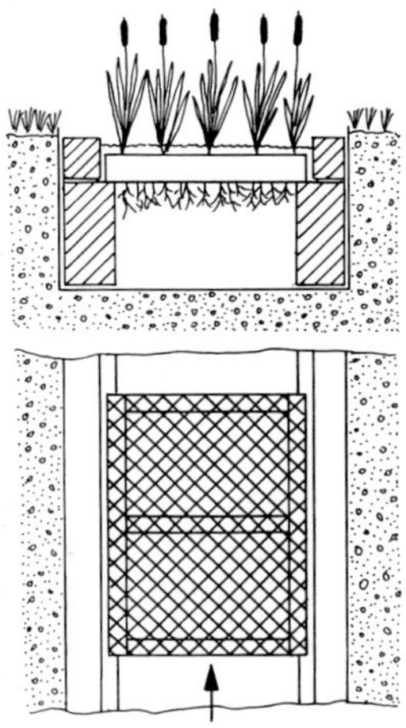

Ein Pflanzenfilter-Kanal mit eingesetzten Maschendrahtrahmen ermöglicht eine Pflanzenhaltung ohne Bodengrund.

Die Fläche eines Pflanzenfilters sollte so groß wie möglich sein. Welche Form er hat, ob die Form eines Teiches oder Bachlaufs, das ist letztendlich gleichgültig. Die Gesamttiefe des Pflanzenfilters muß etwa 60 cm betragen. Die Höhe des Pflanzsubstrats aus gewaschenem Kies in einer gemischten Körnung von 2 bis 5 Millimetern beträgt dabei bis 40 cm und und die darüber fließende Wassersschicht dann etwa 10 cm.

Da diese Art der Filterung bis heute immer noch recht neu ist und in vielen Ländern völlig ignoriert wird, hat man im allgemeinen dazu noch zu wenig Zutrauen. Man glaubt deshalb häufig, nicht ohne vorangeschalteten, biologischen Mehrkammerfilter auskommen zu können. Das sind in meinen Augen Leute, die sich offensichtlich nicht vorstellen können, daß ein Filter (ein ausreichend großer Pflanzenfilter) auch ohne jegliche Wartung funktionieren kann. Diese Leute werden sicher die tägliche Wartung (Ablassen des abgesetzten Schmutzes aus den Kammern und das hin und wieder notwenige Reinigen der Kammern vermissen.

Wichtig ist, wie bereits erwähnt, ein exakt wirkender Vorfilter! Wenn das Wasser aus einem ungenügend arbeitenden Vorfilter mit reichlich vielen Schwebestoffen herauskommt, dann nützt es auch nichts, wenn man dieses Wasser durch ein geschlitztes Rohr in den Bodengrund des Pflanzenfilters einleitet! Dadurch wird es zwar geklärt, der Bodengrund wird aber im Laufe der Zeit vergammeln.

Außerdem hat man solche Experimente mit durchströmtem Bodengrund schon vor langer Zeit in der Aquaristik durchgeführt und inzwischen längst verworfen. Einer der Gründe liegt darin, daß Sumpf- und Wasserpflanzen zum Aufschlüsseln der Nährstoffe einen Säurefilm (Zitronensäure) um ihre Wurzeln aufbauen, der durch starke Wasserströmung im Bodengrund weggespült wird.

Pflanzenkanal mit Pflanzen-Einsatzkästen

Ein Pflanzenfilter kann auch in Form eines Filterkanals gebaut werden. Man verwendet dann handelsübliche, rechteckige und gelochte Pflanzen-Transportkästen aus Plastik, die mit Kies gefüllt und bepflanzt werden. Bei zu großen Löchern müssen die Kästen zusätzlich mit Fliegengaze, Pflanztuch oder Zeitungspapier ausgelegt

Bild oben links: Koiteich bei einer Gaststätte in Kyoto (Japan)
Bild oben rechts: Teich im Japanischen Garten von San Jose (Kalifornien)
Bild unten: Kleiner, aber attraktiver Koiteich in Taiwan

werden. Die Kästen werden dann so auf den Kanal gesetzt, daß sie im Wasser stehen und das Filterwasser auch unterhalb fließen kann. Bei Verwendung solcher Kästen ist es möglich, das Pflanzsubstrat (den Kies) problemlos mit Druckwasser durchzuspülen.

Pflanzenfilter ohne Pflanzsubstrat

Eine andere Möglichkeit besteht darin, die Filterpflanzen überhaupt nicht einzupflanzen, sondern sie ohne Pflanzsubstrat in einen solchen Filterkanal zu setzen. Man muß in diesem Fall ihre Wurzeln zunächst mit Steinen festklemmen, später halten sich die Pflanzen durch große Wurzelgeflechte dann gegenseitig. Allerdings besteht bei starkem Wind die Gefahr, daß die Pflanzen umfallen.

Deshalb ist besser, kleinere (etwa 0,5 m^2 große), stabile Rahmen aus wasserbeständigem Holz (z.B. Erle oder Eiche) zu bauen und diese Rahmen beidseitig mit stabilem, plastikummanteltem Maschendraht zu beziehen. Die Pflanzen können dann mit den Wurzeln in die Maschen des Drahtgeflechts eingesteckt werden und verwurzeln sich darin so, daß sie sicher stehen. Die Rahmen ermöglichen es, daß die Pflanzen zwecks einer eventuellen Reinigung notfalls auch herausgenommen werden können. Um ihren Auftrieb zu verhindern, müssen die Rahmen zusätzlich mit Steinen beschwert werden.

Pflanzen für den Pflanzenfilter

Unterwasser- oder Sumpfpflanzen?

Ein normaler Koiteich ist wegen des häufig sehr dichten Fischbesatzes kaum mit Pflanzen ausstattbar, weil die Fische in diesem Fall die Pflanzen fressen und außerdem durch Aufwühlen des nährstoffhaltigen Pflanzsubstrats das Wasser trüben.

In einem Pflanzenfilter sind Pflanzen aber sehr brauchbar, nützlich und dekorativ. Dazu verwendet man aber nur Sumpfpflanzen!

Was bewirken Unterwasserpflanzen im Koiteich bzw. im Filter?

Unterwasserpflanzen, wie seit Jahrzehnten für den Gartenteich empfohlen, sind nicht günstig. Es wird damit propagiert, daß Unterwasserpflanzen überschüssige und für die Fische schädliche Stoffe abbauen und den Teich infolge ihrer Assimilation mit Sauerstoff anreichern. Das ist im allgemeinen richtig. Leider werden dabei aber alle weiteren, auch eintretenden Probleme außer Acht gelassen. Es wird vernachlässigt, daß Unterwasserpflanzen außer der für die Fische positiven Wirkung der Sauerstoffanreicherung und des Entzugs von schädlichen Stoffen (Ammonium, Kupfer, Eisen, Nitrat u.a.)

durch Assimilation auch weniger günstige Wirkungen haben, wie den Entzug von Kohlendioxid. Auch die Atmung (Dissimilation) der Unterwasserpflanzen wirkt sich durch Entzug von Sauerstoff nicht positiv auf die Fische aus.

Die Assimilation findet nur tagsüber statt und ist von der Intensität des Lichts abhängig. Die Atmung dagegen ist Tag und Nacht wirksam und wird nur durch die Temperatur gesteuert. Je höher die Temperatur ist, desto größer ist der Sauerstoffentzug durch die Atmung der Pflanzen. Dieser kann sich besonders nachts negativ auswirken, wenn kein Sauerstoff durch Assimilation erzeugt wird. Die Atmung der Unterwasserpflanzen ist aber auch sehr nachteilig bei warmem Wetter, wenn der Sauerstoffgehalt im Wasser sowieso schon sehr niedrig ist.

Da Kohlendioxid für die Atmung der Fische nicht notwendig ist, denkt man allgemein, daß sich sein Entzug positiv auswirkt. Das ist aber nicht so! Durch das Kohlendioxid und eine geeignete Karbonathärte von im Idealfall KH 5 bis 10 wird der pH-Wert des Wassers stabil gehalten, man sagt, das Wasser ist „gepuffert". ,

Unterwasserpflanzen können durch ihre Assimilation bei starker Sonneneinstrahlung bewirken, daß infolge hohen Kohlendioxidverbrauchs diese Pufferung verlorengeht und der pH-Wert regelrecht umkippt und sich dadurch extrem in den alkalischen Bereich verschiebt, so daß die Fische eingehen oder zumindest stark geschädigt werden (z.B. Kiemenverätzung).

Sehr gefährlich kann ein pH-Wert-Anstieg auf wesentlich über pH 8 sein. Dadurch erfolgt die Umwandlung des im Wasser vorhandenen, ungiftigen Ammoniums in giftiges Ammoniak (siehe Diagramm auf Seite 130). Bei guter Biofilterung sollte deshalb im Koiteich kein Ammonium vorhanden sein.

Alle diese Gründe verbieten einen dichten Besatz mit Unterwasserpflanzen im Koiteich und auch im Pflanzenfilter.

Algen haben dieselben negativen Eigenschaften wie Unterwasserpflanzen, nur sind sie in ihrer Wirkungsweise noch wesentlich aktiver. Deshalb können auch Algen (Fadenalgen und Wasserblüte) sehr gefährlich für Koi werden.

Das Algenwachstum kann am wirkungsvollsten durch Beschatten des Teiches (z.B. Pergola mit dichtem, schwarzen Netz über dem Teich) in Grenzen gehalten werden. Gegen die Algenblüte hat sich der Einsatz von UV-Lampen bewährt.

Wie arbeiten Überwasserpflanzen (Sumpfpflanzen)?

Unter Naturverhältnissen stehen Sumpfpflanzen nur mit ihren Wurzeln im überfluteten Pflanzsubstrat. Sie ziehen alle ihre Nährstoffe aus dem Pflanzsubstrat und dem hindurchströmenden Wasser. Ihre Blätter befinden sich oberhalb des Wasserspiegels. So entnehmen sie bei ihrer Assimilation und Atmung das Kohlendioxid und den Sauerstoff aus der Luft und verändern dadurch nicht wie die Unterwasserpflanzen den pH-Wert, den Sauerstoffgehalt und CO_2-Gehalt des Wassers.

Wenn man bei der Koihaltung Sumpfpflanzen im Pflanzenfilter nur in reinen Kies setzt, machen sie sich durch Entzug von vielen, für die Fische schädlichen Stoffe (z.B. Ammonium, Nitrit, Nitrat, Eisen, Kupfer usw.), sehr nützlich.

Empfehlenswerte Sumpfpflanzen für Pflanzenfilter

Acorus calamus (Kalmus), *Acorus calamus* 'Variegatus', *Butomus umbellatus* (Schwanenblume), *Cyperus longus* (Zypergras), *Iris laevigata* (Asiatische Wasser-Schwertlilie), *Iris pseudacorus* (Einheimische Wasser-Schwertlilie), *Iris versicolor* (Nordamerikanische Wasser-Schwertlilie, *Mimulus cupreus* (Rote Gauklerblume), *Mimulus guttatus* (Gelbe Gauklerblume), *Mimulus luteus* (Goldgelbe Gauklerblume), *Mimulus ringens* (Blaue Gauklerblume), *Nasturtium officinale* (Brunnenkresse), *Phalaris arundinacea* (Glanzgras), *Phragmitis communis* 'Variegatum'(Grün-weißes Schilf), *Sagittaria sagittifolia* (Pfeilkraut), *Scirpus lacustris* (Seesimse), *Scirpus tabernaemontani* (Zebrasimse), *Sparganium erectum* (Ästiger Igelkolben), *Thelipteris palustris* (Sumpffarn), *Thypha angustifolia* (Schmalblättriges Rohr), *Typha latifolia* (Breitblättriges Rohr), *Typha laxmannii* (Laxmanns Rohr), *Zizania latifolia* (Kanadischer Reis) u.a.

Pflanzenfilter für Koianlagen in Innenräumen

Viele Koiliebhaber halten oder überwintern ihre Fische in Innenräumen (Kellern, Wintergärten, speziellen Fischhäusern usw.). Meist sind die Wassermassen in solchen Haltungsanlagen wesentlich geringer als in einem Teich. Das macht eine besonders gute Filterung und häufigen Teilwasserwechsel erforderlich. Besonders günstig ist natürlich auch hier ein zusätzlicher Pflanzenfilter. Die üblichen Teichpflanzen ziehen aber im Herbst ein und machen eine Ruhepause im Winter durch.

Sie scheiden auch bei nur künstlicher Beleuchtung im Sommer für den Besatz eines Pflanzenfilters in Innenräumen aus. Trotzdem braucht man aber auf einen Pflanzenfilter bei Innenanlagen nicht zu verzichten. Es gibt eine Menge Zimmerpflanzen, die stauende Nässe vertragen. Bedingung ist im Winter oder in dunklen Räumen eine gute, 12 bis 16stündige, künstliche Beleuchtung, am kostengünstigsten mit neutralweißen Leuchtstofflampen. Dabei ist darauf zu achten, daß die Lampen mit Reflektoren ausgestattet sind und spätestens nach einem Jahr durch neue ersetzt werden, denn schon nach einem halben Jahr bringen sie nur noch 50% ihrer ursprünglichen Lichtleistung.

Der Abstand der Lampen zu den Pflanzen soll so gering wie möglich sein, ohne daß es zu Verbrennungen kommt. Man denke daran, daß die Lichtintensität mit dem Quadrat der Entfernung zur Lichtquelle abnimmt. D.h., bei z.B. doppelt so großem Abstand ist nur noch ein Viertel der Lichtintensität vorhanden.

Damit keine zusätzliche Grundfläche für die Pflanzenfilter benötigt wird, bringt man diese am besten über den Koihaltungsbecken an. Am einfachsten ist es, eine Art Bachlauf aus stärkeren Brettern zu fertigen und mit Folie auszukleiden. Die Pflanzen selbst werden am besten in Hydroeinsätze oder gelochte Plastiktöpfe in Kies oder Blähton gesetzt und gemäß Zeichnung (auf Seite 116) eingesetzt. Sie können auch in käufliche Pflanzgefäße für Teiche gepflanzt oder frei in das Kiesbett des Bachlaufs eingesetzt werden.

Das durch einen entsprechenden Filter vorgereinigte Wasser wird, wie aus der Zeichnung ersichtlich, auf einer Seite des künstlichen Bachlaufs hineingepumpt und fließt auf der anderen Seite in die Koianlage zurück.

Für die Bepflanzung eines Innenraum-Pflanzenfilters sind geeignet:

Acorus-Arten und -Formen, *Aglaonema*-Arten und -Formen, *Caladium*-Arten und -Formen, *Cordoline*-Arten und -Formen, *Cyperus*-Arten und -Formen, *Dieffenbachia*-Arten und -Formen, *Dracaena*-Arten und -Formen, *Hypoestes*-Arten und -Formen, *Ophiopogon*-Arten und -Formen, *Philodendron*-Arten und -Formen, *Scindapsis*-Arten und -Formen, *Syngonium*-Arten und -Formen.

Biologischer Filter mit Schwammpatronen

Der Vollständigkeit halber soll noch ein biologischer Filter erwähnt werden, der schon lange in der Aquaristik bekannt ist und dessen Prinzip auch bei kleinen, käuflichen Koifiltern angewendet wird. Detleff Brüggert hat ihn in vergrößerter Form gebaut, und zwar hauptsächlich deshalb, weil sein Vorfilter zu klein ist, und sämtliche

Schmutzpartikel, einschließlich Fadenalgen wegen zu hoher Strömungsgeschwindigkeit auch in den biologischen Filter und anschließend wieder in den Teich gelangten. Die von ihm als Quaderfilter bezeichnete Ausführung besteht in seinem Fall aus 180 einzelnen Filterschwämmen, die auf 90 geschlitzten und miteinander verbundenen Rohren aufgesteckt sind. Die Schwämme werden vom Filterwasser durchflossen, das gefilterte Wasser gelangt durch die Rohrverbindungen in die Pumpenkammer und durch die Pumpe zurück in den Teich.

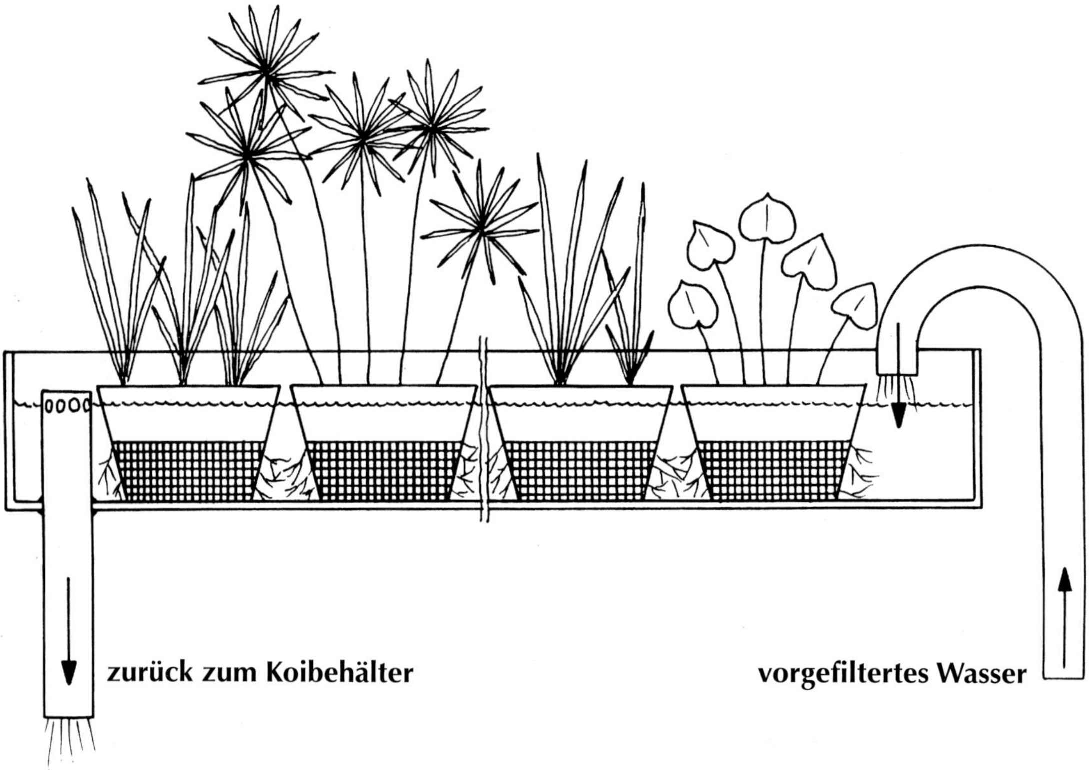

Bild rechts: Ausschnitt des Koiteichs von Herrn Peng in Hsin Chu City, Taiwan

Schwämme haben eine außergewöhnlich große Oberfläche für die Ansiedlung von nitrifizierenden Bakterien. Großflächige Schwämme lassen sich im allgemeinen sehr schlecht reinigen. Diese, relativ kleinen, im Querschnitt 10 x 10 cm großen und 30 cm langen Schwämme mit einer äußeren Oberfläche von 0,012 Quadratmetern pro Stück kann man einfach in der Waschmaschine waschen. Bei der großen Anzahl aber trotzdem ein zeitraubendes Unterfangen.

Der Bau eines solchen Filters ist recht aufwendig . Es werden große Mengen PVC-Rohre, Winkel und T-Stücke benötigt. Die geschlitzten Rohre zum Aufstecken der Schwämme sind am besten Abflußrohre von 32 mm Außendurchmesser. Die Grundrahmenrohre sollten noch etwas größer sein, etwa 60 bis 80 mm im Durchmesser. Die Schwämme kann man aus Schaumgummimatrazen selbst herstellen. Die Löcher werden mit einem angeschärften Metallrohr gebohrt, nachdem die Schwämme naß im Kühlschrank eingefroren wurden.

Wider Erwarten müssen die Schwämme in Brüggerts Filter nicht gereinigt werden, weil die Strömungsgeschwindigkeit infolge der vielen Schwämme und damit großen Ablaufoberfläche so gering ist, daß sich nur relativ wenig Dreck an den Schwämmen ansetzt, der schließlich bei entsprechender Dicke von selbst abfällt und durch die Schrägen am Boden der Filterkammern über die Abflußrohre entfernt werden kann.

Filter mit waagerechter Durchströmung

In den letzten Jahren geht man im internationalen Maßstab immer mehr von den von unten nach oben durchflossenen Mehrkammerfiltern ab und baut statt dessen waagerecht durchflossene, biologische Filter. Grundvoraussetzung für solche Filter sind wieder sehr große, exakt arbeitende Vorfilter, die das Filterwasser weitgehend von allen Schwebestoffen reinigen.

Bei den waagerecht durchflossenen Filtern ist deutlich die Tendenz zu erkennen, die Filter so einfach wie möglich und so zu bauen, daß sie leicht zu reinigen sind. Ihr Vorteil besteht darin, daß ihr Filterwiederstand sehr gering ist und kein Verstopfen eintreten kann.

Waagerecht durchströmte Filter bestehen meistens nur aus maximal drei Kammern: Absetzkammer, biologischer Filterkammer und Pumpenkammer.

Statt der waagerecht gestapelten Filtermatten können auch sehr viele Netze (Fischernetze, Weinbergnetze o. ä.) eingehängt werden. Das Reinigen solcher Netze gestaltet sich durch Abspritzen besonders einfach.

Seitenansicht (2 Filterpatronen im Schnitt)

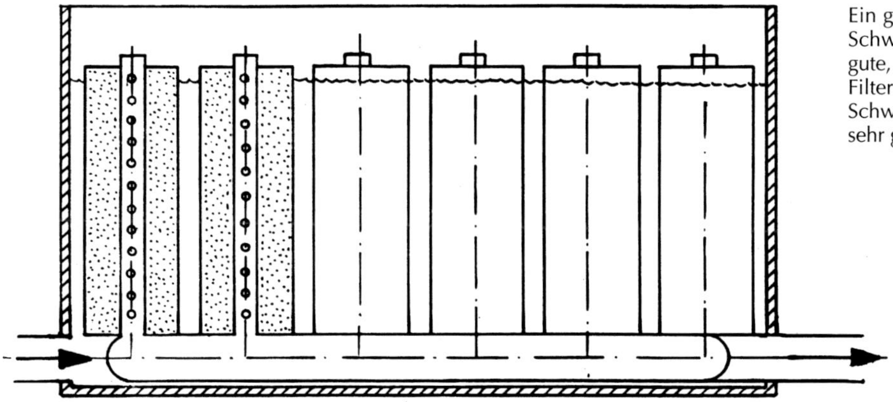

Ein großer Schwammfilter ist eine gute, aber sehr aufwendige Filtermöglichkeit. Die Schwämme haben eine sehr große Filteroberfläche.

Draufsicht (größtenteils ohne Filterpatronen)

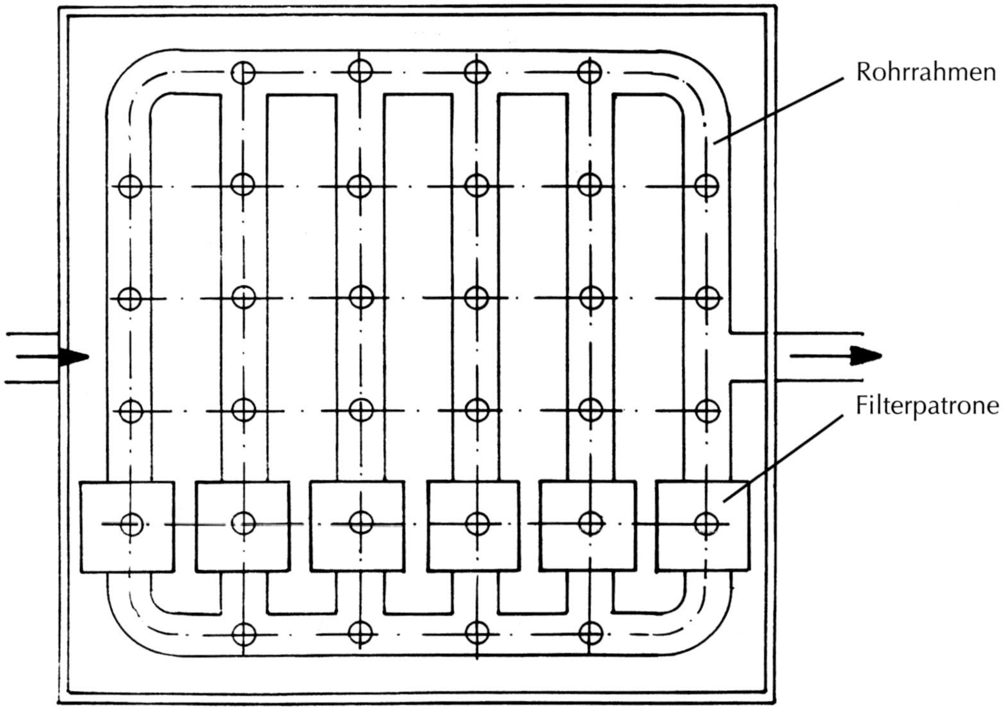

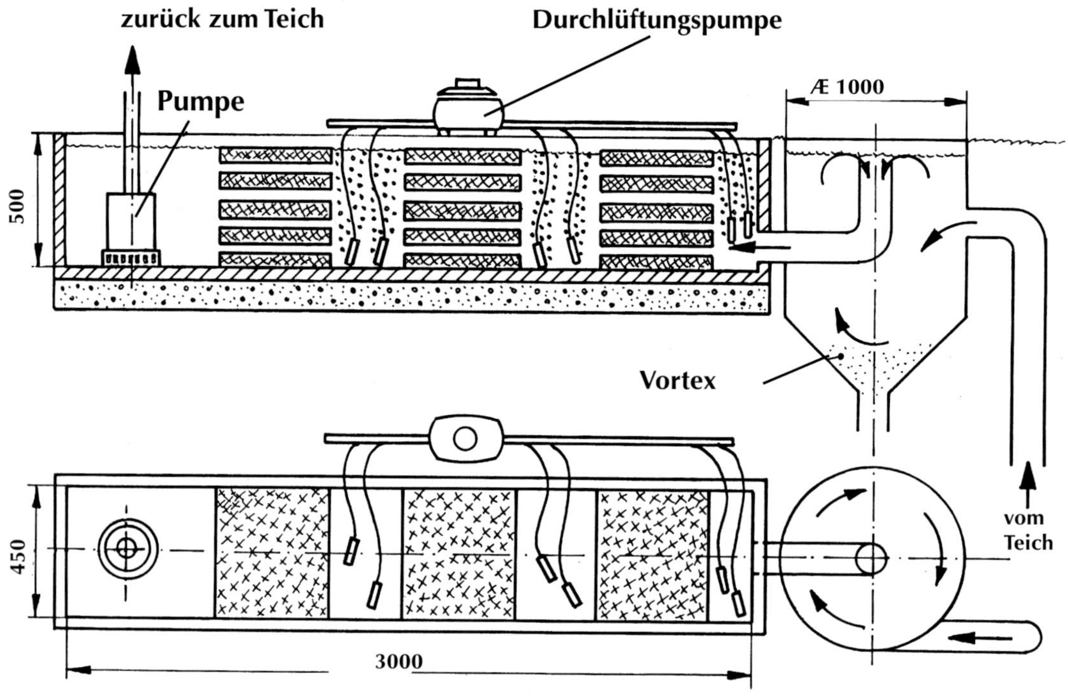

Horizontal durchflossener, biologischer Filter nach Peter Waddington. Dieser Filter soll ausreichend für Teiche bis 17 m³ Wasserinhalt sein.

Richtige Bemessung und Ausführung des Rohrsystems

Über Filter und deren richtige Ausführung wird allgemein viel diskutiert. Jedoch macht man sich oft wenig Gedanken über die richtige Ausführung des meistens recht umfangreichen Rohrleitungssystems. Aber gerade hier liegen häufig die wesentlichen Schwachpunkte.

Rohrleitungen vom Teich zum Filter

Es hat sich allgemein durchgesetzt, die Filterung über die Bodenabläufe zu bewerkstelligen. Je nach Größe des Teiches und vorgesehenem Filterdurchsatz müssen im der Bodenplatte mit trichterförmigem Gefälle mehrere Bodenabläufe installiert werden. Den Durchmesser der Rohre für die Bodenabläufe sollte man nicht unter 100 mm wählen. Ein Bodenablauf in diesem Durchmesser reicht für etwa 6 bis 10 m^3 stündliche Filterleistung. Scharfe, rechtwinklige Krümmer sind bei allen Rohrleitungen unbedingt zu vermeiden.

Der häufigste Fehler, der gemacht wird, ist, daß man bei Schwerkraft-Filteranlagen alle Bodenabläufe in einem gemeinsamen, zu schwachen Rohr zusammenführt. In diesem Fall ist die Gesamtdurchsatzmenge nicht gewährleistet. So kann es passieren, daß die Filterkammern durch die Pumpe leergesaugt werden, und daß die Pumpe letztendlich trocken läuft.

Es ist unbedingt notwendig, den Querschnitt der Rohre zu berechnen und mit der Pumpenleistung abzustimmen, damit in dieser Beziehung keine nicht wieder zu behebenden Fehler gemacht werden:

Rohrdurchmesser 100 mm: Querschnitt $= \frac{d^2 x \Pi}{4} = \frac{100^2 \text{ x } 3{,}14}{4} = 7850 \text{ mm}^2$

Rohrdurchmesser 120 mm: Querschnitt $= \frac{d^2 x \Pi}{4} = \frac{120^2 \text{ x } 3{,}14}{4} = 11304 \text{ mm}^2$

Rohrdurchmesser 150 mm: Querschnitt $= \frac{d^2 x \Pi}{4} = \frac{150^2 \text{ x } 3{,}14}{4} = 17663 \text{ mm}^2$

Rohrdurchmesser 200 mm: Querschnitt $= \frac{d^2 x \Pi}{4} = \frac{200^2 \text{ x } 3{,}14}{4} = 31400 \text{ mm}^2$

Das bedeutet: Sollen zwei Rohre von 100 Millimetern Durchmesser zusammengeführt werden, so muß das in einem Rohr von 150 Millimetern Durchmesser geschehen. Für drei Rohre des gleichen Durchmessers braucht man ein Rohr von 200 Millimetern Durchmesser.

Rohrleitungen vom Filter zum Teich

Die Rohrleitungen für das gefilterte, durch Pumpe zum Teich zurückgedrückte Wasser, können geringer im Durchmesser sein. Man sollte aber auch hier, natürlich abhängig von der Pumpenleistung, nicht unter 50 mm Durchmesser gehen. Zu geringe Durchmesser und zu scharfe Umlenkungen mindern durch hohe Reibung erheblich die Pumpenleistung! Also im Zweifelsfall den Rohrdurchmesser lieber größer als zu klein wählen.

Rohrdurchmesser 50 mm: Querschnitt $= \frac{d^2 x \Pi}{4} = \frac{502 \text{ x } 3{,}14}{4} = 1963 \text{ mm}^2$

Rohrdurchmesser 60 mm: Querschnitt $= \frac{d^2 x \Pi}{4} = \frac{602 \text{ x } 3{,}14}{4} = 2826 \text{ mm}^2$

Rohrdurchmesser 70 mm: Querschnitt $= \frac{d^2 x \Pi}{4} = \frac{702 \text{ x } 3{,}14}{4} = 3847 \text{ mm}^2$

Krankheiten der Koi

Trifft man mit Koiliebhabern zusammen, so kann man sicher sein, daß sich das Gespräch nach kürzerer Zeit um Koierkrankungen dreht. Dabei sind die Hauptursachen für Erkrankungen eigentlich immer dieselben: Nichtbeachten der Wasserwerte und Zukauf und Zusetzen neuer Koi ohne ausreichende Quarantäne.

Vorbeugen ist besser als Heilen

Wesentlich besser als alle möglichen Heilmethoden auszuprobieren, ist es, die Koi so zu halten, daß sie gar nicht erst erkranken. Dazu gehört in erster Linie das Einhalten und Überprüfen der Wasserwerte.

Um die Gesundheit aller Lebewesen zu garantieren, muß deren Umwelt in Ordnung sein. Die Umwelt der Koi ist das Wasser, eine Flüssigkeit, die, auch wenn sie farblos aussieht, vielerlei darin gelöste Stoffe enthält. Das sind Gase sowie organische und anorganische Verbindungen. Viele dieser gelösten Substanzen liegen nur in verschwindend kleinen Mengen vor, deshalb bezeichnet man sie als Spurenelemente. Hauptbestandteile der anorganischen Verbindungen sind Chloride, Sulfate, Karbonate, Bikarbonate, Magnesium, Calcium, Kalium und Natrium.

Ihr Gesamtgehalt entscheidet u.a. über die Wasserhärte und den Salzgehalt des Wassers. Viele der gelösten Stoffe sind schon im Ausgangswasser (Leitungs- und Brunnenwasser) vorhanden, andere entstehen erst durch die Fischhaltung und reichern sich oft zu gesundheitsgefährlichen Konzentrationen an. So kann das Wasser im Koiteich optisch wunderbar klar aussehen und trotzdem ungeeignet für die Koihaltung sein.

Leider ist die Wasserchemie eine sehr komplexe und komplizierte Wissenschaft, die nur von wenigen Spezialisten beherrscht wird. Trotzdem ist es als Koiliebhaber erforderlich, sich mit den wesentlichsten Grundbegriffen zu beschäftigen. Dazu gehören neben pH-Wert und Wasserhärte, der Ammonium-, Nitrit-, Nitrat- und Phosphatgehalt.

Es ist wichtig, diese Wasserwerte von Zeit zu Zeit zu überprüfen. Besonders aktuell ist das beim Neubesatz eines Teiches und beim Einfahren eines Filters. Auch die Wassertemperatur sollte ständig im Auge behalten werden. Es ist sehr vorteilhaft, sämtliche gemessenen Wasserwerte aufzuzeichnen. So kann man bei Problemen nachträgliche Rückschlüsse ziehen.

Messen der Wassertemperatur

Landläufig werden Karpfen und damit auch Koi als Kaltwasserfische bezeichnet. Das stimmt aber nicht, denn die aus Zentralasien stammenden Tiere sind im eigentlichen Sinne Warmwasserfische, die eine Vorzugstemperatur zwischen 20 und 24 °C lieben. Auf diesen Temperaturbereich ist ihr ganzer Lebensablauf abgestimmt:

- Ihr Stoffwechsel ist optimal, dadurch fressen und wachsen sie sehr gut,
- Probleme mit Krankheiten sind gering, denn ihr Immunsystem ist hochaktiv,
- Ihre Laichzeit fällt in diesen Temperaturbereich.

Äußerst problematisch sind Temperaturschwankungen, wie sie gehäuft im Frühjahr und im Herbst auftreten. Es sind besonders die starken Temperaturdifferenzen zwischen Tag und Nacht, denen der Fischstoffwechsel nicht folgen kann. Um zu große Temperaturdifferenzen zu vermeiden, sollte man den Teich nicht zu flach anlegen. Wichtig ist es zu wissen, daß Temperaturen zwischen 10 und 16 °C für Koi eine Katastrophe sind, denn hier arbeitet ihr Immunsystem nicht!

Die Überwinterung sollte bei über 4 bis 6 °C erfolgen. Sowohl bei starken Temperaturschwankungen, als auch bei zu niedrigen Temperaturen treten gehäuft Erkrankungen auf. Das Arbeiten des Filters (der Filterbakterien) ist ebenfalls temperaturabhängig.

Außerdem sind verschiedene chemische Vorgänge im Teich temperaturabhängig. So veringert sich der Sauerstoffgehalt des Wassers mit steigender Temperatur und die Giftigkeit des Nitrits vergrößert sich. Auch die Wirkung von Medikamenten kann sich verändern.

Aus all diesen Gründen sollte die Wassertemperatur ständig gemessen und aufgezeichnet werden. Das geschieht am einfachsten mit zwei elektronischen Thermometern, deren Fühler einmal an der tiefsten Stelle des Teiches und einmal in etwa 50 Zentimetern Tiefe installiert werden.

Um zu niedrige Temperaturen und große Temperaturschwankungen im Koiteich zu vermeiden, ist es am günstigsten, eine temperaturgesteuerte Heizung zu installieren.

Vorteilhaft gegen starke Temperaturschwankungen ist ein tiefer Teich mit geringer Wasseroberfläche (z.B. kreisrunder, halbkugelförmiger Teich).

Messen des pH-Wertes

Mit dem pH-Wert bezeichnet man die Ionenkonzentration, die für den entsprechenden Zustand des Wassers verantwortlich ist.

Der pH-Wert des Wassers gibt an, ob es sauer, neutral oder alkalisch (basisch) ist. Man mißt ihn nach einer Skala, die von 0 (sehr sauer) bis 14 (sehr basisch) reicht. Mit pH-Wert 7 bezeichnet man neutrales Wasser. Wasser mit einem pH-Wert unter 7 ist sauer und mit einem pH-Wert über 7 alkalisch.

Wichtig ist es zu wissen, daß der Schritt von einer Stufe zur nächsten (z.B. von pH6 zu pH7) jeweils dem 10fachen Wert der Ionenkonzentration, also einer erheblichen Änderung entspricht. Eine Änderung um zwei Stufen ist eine Ionenkonzentrationsänderung um 10 x 10 = 100, bei drei Stufen um 1000 usw.

Folgende Werte geben Anhaltspunkte für die Koihaltung:

pH-Wert unter 6 ist ungünstig und gefährlich, unbedingte Verbesserung durch Zugabe von Kalk erforderlich, bei ständig zu niedrigem pH-Wert ist das Filtern über Austernschalen vorteilhaft,
pH-Wert um 7 ist ideal für Koi,
pH-Werte zwischen 6,5 und 8 können toleriert werden,
pH-Wert9 wird längere Zeit ertragen,
pH-Wert10 ist lebensgefährlich und
pH-Wert über 10 ist tödlich.

Der pH-Wert des Leitungswassers wird vom Wasserwerk wegen der Haltbarkeit des Leitungsnetzes auf etwa 7 (neutral) gehalten. Wegen der sonst auftretenden Giftigkeit von Kupferrohren wird es allerdings oft auf einen pH-Wert von 8 bis 8,5 eingestellt. Trotz der Differenz ist solches Leitungswasser für die Koihaltung brauchbar.

Zum Messen des pH-Wertes gibt es von verschiedenen Herstellern entsprechende Indikatorlösungen und Vergleichsfarbtafeln. Je nach Gebrauchsanweisung sind einer geringen Menge Teichwasser in einem Meßzylinder einige Tropfen der Indikatorlösung zuzugeben. Nach Schütteln färbt sich die Probe ein. An Hand eines Farbvergleichs mit der mitgelieferten Vergleichsfarbtafel kann dann der vorhandene pH-Wert ermittelt werden.

Bild rechts: Privater Koiteich in Singapur

Natürlich ist für die Messung auch ein elektronisches pH-Wert-Meßgerät anwendbar. Normalerweise ist der pH-Wert in einem klaren Koiteich ohne Unterwasserpflanzen und Algen relativ konstant zwischen 7 und 7,5 und sinkt kaum darunter.

Probleme kann es bei einem frischen, nicht genügend gewässerten Betonteich geben. In einem solchen Teich kann das Wasser stark alkalisch werden. Um das zu vermeiden, sollte man Betonteiche mit G4 (siehe Seite 100) versiegeln. Wachsen Unterwasserpflanzen im Koiteich oder im Filter, so ändert sich der pH-Wert im Tagesverlauf durch Entzug von Kohlendioxid infolge der Assimilation der Pflanzen (siehe Seite 112). Er ist dann abends am höchsten.

Auch beim Auftreten der Algenblüte (grünes Wasser) und bei massenhaftem Wuchs von Fadenalgen steigt der pH-Wert gewöhnlich stark an. Einen pH-Wert von 9 vertragen die Koi kurzfristig. Um eine Vergiftung mit Ammoniak zu vermeiden, sollte in diesem Fall aber nicht gefüttert werden. Auch neue Koi sind keinesfalls hinzuzusetzen.

Ein pH-Wert über 10 ist für Koi lebensgefährlich, deshalb muß in einem solchen Fall unbedingt ein sofortiger Teilwasserwechsel vorgenommen werden. Hohe pH-Werte verursachen häufig Probleme mit der Eiweißausscheidung an den Kiemen der Koi.

Sehr kritisch ist eine ständige pH-Wert-Änderung zwischen Tag und Nacht um mehrere Stufen. Das führt zu starkem Streß der Koi, den sie auf Dauer nicht verkraften und wodurch sie anfällig für Krankheiten werden. Extreme pH-Werte führen vor allem zu Kiemenschädigungen.

Der pH-Wert ist aber nicht nur als solcher wichtig, sondern vor allem wegen seines Einflusses auf andere Stoffe im Wasser. So kann man aus dem beigefügten Diagramm (Seite 130) die Giftigkeit von Ammonium/Ammoniak ablesen und daraus erkennen, daß bereits bei einem pH-Wert von 8 ein Teil des Ammoniums in giftiges Ammoniak umgewandelt wird. Mit steigendem pH-Wert nimmt der Ammoniakgehalt dann immer mehr zu. Wie bereits beim Leitungswasser erwähnt, ist auch die Giftigkeit von Schwermetallen (z.B. Kupfer) vom pH-Wert abhängig. Kupfer ist bei einem pH-Wert unter 6 für Koi extrem giftig, deshalb sollte im Koiteich kein Kupfer verwendet werden!

Messen der Wasserhärte

Das Messen der Wasserhärte ist nicht ständig erforderlich. Man sollte jedoch unbedingt seine Wasserverhältnisse kennen. Zwei wichtige Parameter der Wasserhärte werden unterschieden: Die Gesamthärte und die Karbonathärte.

Gesamthärte

Die Gesamthärte des Leitungs- oder Brunnenwassers ist je nach Einzugsgebiet sehr unterschiedlich. Sie entsteht durch Herauslösen von Härtebildnern aus den Erd- und Gesteinsschichten.

Als Gesamthärte dGH bezeichnet man die Summe aller im Wasser gelösten Calcium- und Magnesium-Ionen. Dabei handelt es sich um Calcium- und/oder Magnesiumkarbonat, um Calcium- und / oder Magnesiumsulfat und um Calcium- und/oder Magnesiumchlorid.

Man unterscheidet sehr weiches bis außerordentlich hartes Wasser.

Sehr weich	dGH = 0 - 4°
weich	dGH = 4 - 8°
mittelhart	dGH = 8 - 12°
hart	dGH = 12 - 18°
sehr hart	dGH = 18 - 30°
außerordentlich hart	dGH = 30° und mehr

In Japan herrscht bis auf wenige Ausnahmen eine Gesamthärte von 4° dGH vor. Deshalb müssen von dort importierte Fische sorgsam angepaßt werden. Als optimal kann eine Wasserhärte bis 15° dGH angesehen werden.

Eine Gesamthärte von über 20° dGH ist in Deutschland meistens mit einem hohen pH-Wert gekoppelt und ist häufig die Ursache für übermäßigen Algenwuchs.

England hat allgemein eine hohe Gesamt-Wasserhärte von etwa 30° dGH. Eine Anpassung an eine wesentlich niedrigere Wasserhärte ist sehr problematisch, wie ich immer wieder in meiner langjährigen aquaristischen Praxis und auch mit Importkoi aus England erfahren mußte. Trotz Eintropfens des heimischen Wassers mit niedrigerer Wasserhärte gehen die Fische oft noch nach Monaten nach und nach ein. Wesentlich wichtiger als die Gesamthärte ist für das Wohlbefinden unserer Pfleglinge die Karbonathärte!

Karbonathärte

Die Karbonathärte dKH, auch als Säurebindungsvermögen bezeichnet, liegt in unseren Wässern meistens niedriger als die Gesamthärte (In tropischen Gewässern kann das anders sein!). Sie berücksichtigt nur die Teile der Calcium- und Magnesium-Ionen, die als Karbonate vorliegen, außerdem noch andere Karbonate, wie z.B. Natrium- und Kaliumkarbonat.

Japanischer Garten in Long Beach (Kalifornien)

Koiteich von Bob und Joan Finnigan in Costa Mesa (Kalifornien)

Die klassisch-chinesischen Lin-Gärten in Pan Chiao, nördlich von Taipei.

Kleiner Teich mit geruhsamem Sitzplatz hinter dem Nationalpalastmuseum in Taipei

Einen selten schönen Koiteich findet man vor dem Grandhotel in Taipei.

Die Karbonathärte sollte, wenn möglich, nicht zu hoch sein, aber mindestens dKH = 4° betragen, denn sie ist dafür verantwortlich, wieviel freie Kohlensäure im Wasser gebunden werden kann. Die Karbonathärte ist wichtig für die sogenannte Pufferung des Wassers und verhindert, daß es zu plötzlichen pH-Wertänderungen kommt.

Gesamthärte und Karbonathärte mißt man mit entsprechenden, käuflichen Indikatorlösungen, die nach Gebrauchsanweisung in eine bestimmte Menge Prüfwasser eingetropft werden. Es stellt sich zunächst eine Färbung des Prüfwassers ein, die nach dem x-ten Tropfen umschlägt. Aus der Anzahl der benötigten Tropfen Indikatorlösung läßt sich dann die Wasserhärte ermitteln.

Die Gesamthärte und die Karbonathärte müssen nicht ständig gemessen werden. Man sollte sie aber überprüfen, da die Härtebildner von Filterbakterien und Teichpflanzen verbraucht werden können. Derartige Probleme erledigen sich allerdings von selbst durch regelmäßigen Teilwasserwechsel.

Karbonathärte, CO_2-Gehalt und pH-Wert sind direkt voneinander abhängig. Sind Karbonathärte und CO_2 im Gleichgewicht, so ist der pH-Wert neutral, d.h. 7. Bei CO_2-Mangel wird der pH-Wert alkalisch, d.h. größer als 7, bei CO_2-Überschuß geht der pH-Wert in den sauren Bereich, d.h. unter 7.

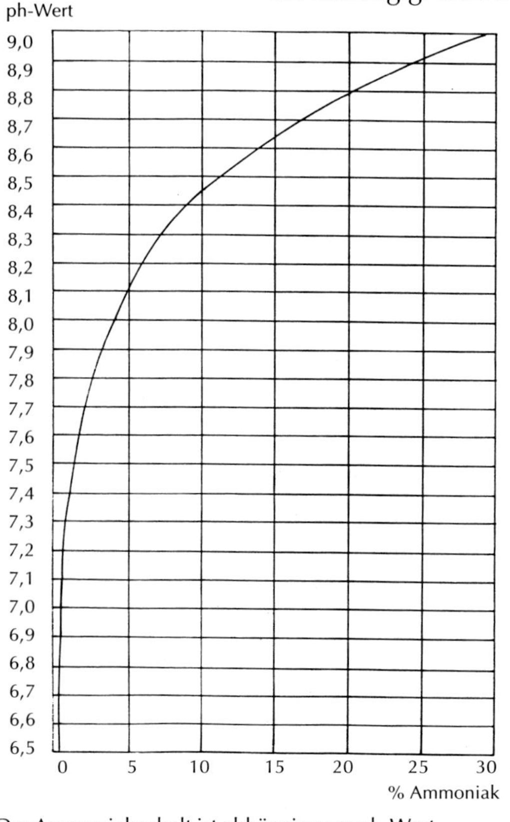

Der Ammoniakgehalt ist abhängig vom ph-Wert

Messen des vorhandenen Ammoniumgehaltes (NH3/NH4+)

Die Stickstoffverbindung Ammonium ist ein Endprodukt des Eiweißstoffwechsels. Durch die Koi gelangt es hauptsächlich über die Kiemen ins Wasser. Es entsteht aber auch durch überschüssiges und faulendes Futter, massenhaft abgestorbene Kleinlebewesen (z.B. Wasserflöhe), tote Tiere, abgestorbene Algen und faulende Pflanzenteile.

Die im Wasser und vor allem im Filter vorhandenen nitrifizierenden Bakterien leben von Ammoniumverbindungen und wandeln diese unter Verbrauch von Sauerstoff in Nitrit um.

Ein Überschuß an Ammoniak und Nitrit kann allerdings die bakterielle Tätigkeit stark hemmen oder ganz zum Erliegen bringen. Dadurch bricht das ganze Filtersystem zusammen, und es entstehen dann sehr schnell fischgiftige Konzentrationen von Ammoniak und Nitrit.

Wie hoch der Anteil von Ammonium und Ammoniak im Wasser ist, hängt vom pH-Wert ab. Mit zunehmendem pH-Wert vergrößert sich schnell der Anteil aus giftigem Ammoniak (siehe Diagramm). Bei hohem pH-Wert sind so schon geringe Mengen an vorhandenem Ammonium gefährlich. Hinzu kommt, daß die Umwandlung von Ammonium zu Ammoniak mit zunehmender Temperatur noch steigt.

Ammoniak ist ein starkes Zellgift, das vor allem die Kiemen der Fische stark schädigt. Außerdem entsteht durch hohe Ammoniakwerte eine Blockade der Stoffwechsel-Endprodukte, und so wird der gesamte Fischorganismus durch Ammoniak geschädigt. Es muß deshalb das Bestreben sein, die Gesamtammoniumwerte im Wasser so gering wie möglich zu halten.

Der Ammoniumgehalt sollte unter 0,06 mg/l liegen

Ammoniakschäden sind an den Koi daran zu erkennen. daß sie aufhören zu fressen. Bei längerer Einwirkung von Ammoniak sterben dann die Kiemenblättchen ab. Die Kiemenschäden nehmen schließlich unheilbare Ausmaße an. Die Messung der Ammoniumwerte erfolgt mittels handelsüblicher Reagenzien. Leider sind die meisten dieser Handelsprodukte aber wegen zu geringer Feinmessungsmöglichkeit unbrauchbar.

Messen des Nitritgehaltes (NO_2)

Nitrifizierende Bakterien, sogenannte Nitrosomonas im Teichwasser und im Filter verarbeiten Ammoniak unter Verbrauch von Sauerstoff zu Nitrit. Nitrit ist ein starkes Fischgift. Es verändert die Blutzusammensetzung, so daß der Sauerstofftransport im Blut gestört wird. Dadurch sterben die Koi an einem inneren Sauerstoffmangel, obgleich der Sauerstoffgehalt des Wassers ausreichend ist.

Die Giftigkeit des Nitrits ist vom Salzgehalt des Wassers abhängig. Es ist bei hohem Salzgehalt ungiftiger, deshalb setzt man dem Transportwasser von Koi häufig relativ hohe Salzgaben zu. Neuerdings wird manchmal auch Zeolit zugegeben.

Der Nitritgehalt muß unbedingt unter 0,1 mg/l liegen.

Steigt der Nitritgehalt über diesen Wert an, so ist ein sofortiger Teilwasserwechsel von etwa einem Drittel vorzunehmen. Um die Fischgiftigkeit zu senken, können dem Teichwasser außerdem 3 kg jodfreies Kochsalz pro Kubikmeter zugesetzt werden. Bei hohen Nitritwerten besteht die Gefahr des Absterbens der Filterbakterien und damit des völligen Zusammenbruchs des Filters. Probleme mit zu hohen Nitritwerten bestehen vor allem in der sogenannten Einlaufphase des Filters. Während dieser Zeit sollten die Fische möglichst nicht oder nur sehr geringfügig gefüttert werden. Es ist darauf zu achten, daß der pH-Wert zwischen 6 und 8 gehalten wird. Die Einlaufphase kann durch Impfen mit Filterbakterien verkürzt werden.

Messen des Nitratgehaltes

Nach allgemeinen Angaben ist der Nitratgehalt des Teichwassers von untergeordneter Bedeutung, da Nitrat noch in recht großen Konzentrationen unschädlich sei. In der Binnenfischerei werden manchmal Werte bis 500 mg/l gemessen. Ich kann diesen Standpunkt nicht vertreten, denn Nitrate sind ein starkes Wachstumsgift. Es kommt allerdings kaum jemand auf den Gedanken, daß ein ungenügendes Fischwachstum an zu hohen Nitratwerten liegen könnte, denn es besteht ja selten ein Vergleich. Immer wieder liest man in der einschlägigen Literatur, daß Nitrate durch anaerobe Bakterien unter Sauerstoffabschluß zu Stickstoff und Sauerstoff abgebaut werden. Das passiert höchstens in einem Naturteich im Schlamm. In einem Koiteich kann man sich keinen Sauerstoffmangel leisten, hier bestehen die einzigen Möglichkeiten der Minimierung von Nitrat im Teilwasserwechsel und in der Filterung mit Sumpfpflanzen. Allerdings können auch Pflanzen durch zu hohe Nitratwerte so geschädigt werden, daß sie eingehen. Bei regelmäßigem, wöchentlichen Teilwasserwechsel und/oder einem Pflanzenfilter kann man sich das Messen des Nitratgehaltes sparen.

Als Maximalwert bei der Koihaltung strebt man 100 mg/l an.

Messen der Sauerstoffkonzentration

Sauerstoff ist fast für alle Lebensabläufe notwendig. Die Fische brauchen ihn natürlich zum Atmen, er wird aber auch für die Tag und Nacht ablaufende, und nur temperaturabhängige Atmung (Dissimilation) der Pflanzen und für die Filterbakterien benötigt. Überall, wo Fäulnis stattfindet, wird Sauerstoff verbraucht. Man achte deshalb besonders darauf, daß kein Futter übrig bleibt und verfault. Besonders kritisch wird es im Herbst, wenn Unmengen Laub in den Teich fallen.

Für den Koiliebhaber ist es natürlich wichtig, daß der Sauerstoffgehalt für die Koi stets ausreichend ist.

Wie aus dem Diagramm ersichtlich, ist der Sauerstoffgehalt von der Wassertemperatur abhängig, d.h. er sinkt mit steigender Wassertemperatur. Andererseits steigt der Stoffwechsel und damit der Sauerstoffbedarf der Fische bei hohen Temperaturwerten. Es entsteht also eine Diskrepanz zwischen zur Verfügung stehendem und benötigtem Sauerstoff. In diesem Fall wird versucht, durch Belüftung des Wassers mittels entsprechender Aggregate die Sauerstoffwerte im Wasser zu erhöhen. Außerdem sollte bei hohen Temperaturen um 30° C nicht gefüttert werden.

Durch die Assimilation von Unterwasserpflanzen und auch Algen wird die Sauerstoffkonzentration wesentlich erhöht. Wie wir aber schon im Abschnitt "Was bewirken Unterwasserpflanzen im Koiteich bzw. im Filter?", Seite 112 sahen, können diese Pflanzen durch Entzug des Kohlendioxids einen pH-Wert-Anstieg verursachen. Außerdem entstehen durch Unterwasserpflanzen oder Algen drastische Sauerstoffkonzentrationsunterschiede zwischen Tag und Nacht, die problematisch für die Koi werden.

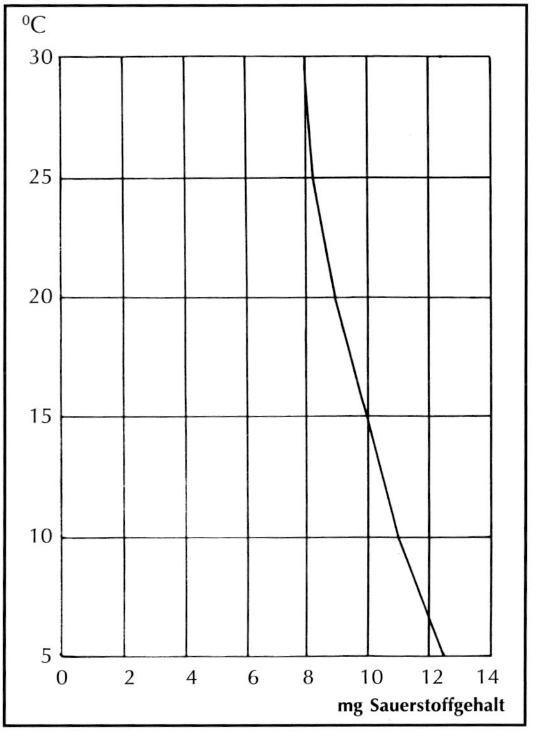

Der Sauerstoffgehalt im Wasser ist von der Temperatur abhängig.

Der Sauerstoffgehalt des Haltungswassers für Koi soll möglichst über 6,5 mg/l, aber keinesfalls unter 5 mg/l liegen.

Messen des Chlorgehaltes

Chlor wird von den Wasserwerken zur Desinfektion des Leitungswassers verwendet. Manche Leitungswässer enthalten relativ viel Chlor, trotzdem ist die beigefügte Menge für Menschen ungefährlich. Für Fische und natürlich auch Koi kann das Chlor aber hoch toxisch wirken. Erste Anzeichen sind Atemprobleme der Fische. Auch bei Chlor ist die Giftigkeit nicht alleine von seiner Menge abhängig, sondern auch vom pH-Wert, von der Temperatur, dem Sauerstoffgehalt und der organischen Belastung des Wassers. Das Vorhandensein von Chlor kann man leicht am Geruch und Geschmack des Wassers erkennen. Die Menge des Chlorgehalts ist mit einem entsprechenden, käuflichen Chlortest zu messen.

Bei stark chlorhaltigem Wasser ist es nicht ratsam, das Leitungswasser direkt in den Teich einzuleiten. Chlor verflüchtigt sich aber durch Stehenlassen des Wassers von selbst. Dieser Vorgang kann beschleunigt werden, indem man das Wasser stark durchlüftet. Chlor verflüchtigt sich auch, wenn das Wasser versprüht wird.

Ein frisch mit Leitungswasser gefüllter Teich sollte unter Belüftung erst etwa eine Woche ohne Fischbesatz abstehen.

Bei Teilwasserwechsel oder anderweitiger Zugabe von Leitungswasser leitet man es am besten über den Pflanzenfilter oder über Sprühdüsen ein.

Noch gefährlicher als Chlor wirkt es sich aus, wenn sich das Chlor mit im Teichwasser enthaltenem Ammoniak zu Chloramin verbindet. Chloramin ist beständiger als Chlor, läßt sich aber ebenfalls durch Belüftung austreiben.

Man sollte sich nie darauf verlassen, daß Wasserwerte im Koiteich konstant bleiben. Allerdings können durch regelmäßigen, wöchentlichen Teilwasserwechsel von etwa 20% eine Menge Probleme vermieden werden.

Vorbeugende Behandlung gegen Parasitenbefall

Allgemein werden bei der Haustierhaltung vorbeugende Behandlungen durchgeführt. So werden, um nur zwei Beispiele zu nennen, bei Hunden und Katzen in regelmäßigen Abständen Wurmkuren durchgeführt, oder man stattet sie gegen Parasiten (Flöhe) mit speziellen Halsbändern aus. Im Vergleich zu diesen Felltieren haben Fische mit Ihrer Umwelt aber weit größere Probleme.

Tierarzt Thomas Mack, der sich auf Koi spezialisiert hat, empfiehlt, vorbeugend jährlich zwei Parasitenbehandlungen mit Malachitgrünoxalat und mit Mebendazol durchzuführen:

1. Behandlung im Herbst, bei noch 10 °C
2. Behandlung im Frühjahr bei schon wieder 10 °C

Durch Malachitgrünoxalat werden die Außenparasiten auf dem Fischkörper abgetötet, Mebendazol ist ein sicheres Mittel gegen

Bild rechts: Koi sind in Taiwan in fast allen öffentlichen Garten- und Parkanlagen zu finden und werden dort von Besuchern gefüttert.

Wurmbefall. Nur die auf dem Fischkörper befindlichen Parasiten werden vernichtet, nicht die freischwimmenden.

Im Gegensatz zu anderen Medikamenten, wie Formalin, Kaliumpermanganat und auch Antibiotika, vernichten Malachitgrünoxalat und Mebendazol nicht die Filterbakterien.

Malachitgrünoxalat

Malachigrünoxalat wird als krebserregend eingeschätzt. Es ist deshalb schon seit Jahren für die Behandlung von Speisefischen verboten. Da es aber sehr wirkungsvoll ist, wird es für die Zierfischbehandlung weiterhin verwendet.

Malachitgrünoxalat ist pulverförmig, deshalb ist beim Hantieren damit eine Atemschutzmaske zu tragen.

Für die Behandlung der Fische wird eine Stammlösung aus 20 g Malachitgrünoxalat und 500 ml Wasser in einer lichtgeschützten Flasche angesetzt.

Davon gibt man am ersten Behandlungstag 1 ml/1000 l in den Teich. Am dritten, fünften und siebenten wird dann jeweils mit 0,5 ml/1000 l nachdosiert. Während der Behandlung muß gut durchlüftet werden, und das UV-Licht ist auszuschalten.

Mebendazol

Mebendazol ist rezeptpflichtig und in verschiedenen Medikamenten gegen Wurmbefall enthalten. Am besten ist es, wenn man es als reine Substanz verwendet. Als Dosierung gibt Thomas Mack eine einmalige Anwendung von 100 mg/1000 l an. Bei der Behandlung in Naturteichen muß die Dosierung von beiden Medikamenten um etwa 10% erhöht werden.

Bei Einsatz von Medikamenten prinzipiell vorher und nachher Wasserwechsel und Filterreinigung!

Die Lochkrankheit, auch eine Umwelterkrankung

Besonders in letzter Zeit ist die Lochkrankheit häufig aufgetreten. Beim Mitimport der Krankheit (z.B. aus Japan und Israel) war man oft

Bild links: Dekorativer Gartenteich mit Koi und Goldfischen in Holland.

recht hilflos, weil die Bakterienstämme durch häufige Vorbehandlungen bereits immun gegen verschiedene Medikamente waren.

Die Lochkrankheit ist nicht selten eine Folge von Überbesatz. Wenn sie auftritt, kann man sicher sein, daß etwas mit dem Haltungswasser nicht stimmt. Deshalb muß man zunächst einige Wassermessungen durchführen und gegebenenfalls die Umweltbedingungen für die Fische so ändern, daß der pH-Wert zwischen 6,5, und 7,5, der Ammoniumgehalt unter 0,06 mg/l und der Sauerstoffgehalt bei 5-9 mg/l liegt. Auch Streß begünstigt das Auftreten der Lochkrankheit. Die Lochkrankheit ist eine sehr hartnäckige Erkrankung, die bei günstigen Wasserwerten ausheilen kann, aber bei Verschlechterung der Wasserwerte wieder auftritt. Die Erkrankung beruht darauf, daß die durch die Fischumwelt (ungünstige Wasserwerte) geschädigte Schleimhaut von Bakterien befallen wird. Dadurch bilden sich dann die Löcher.

Zur Behandlung ist es vor allem wichtig, ein wirksames Medikament zu finden. Wie bereits erwähnt, sind die krankheitsverursachenden Bakterien oft schon durch Vorbehandlungen gegen Antibiotika immun. Oft genügt aber schon eine gründliche Säuberung und Desinfektion der Wunde.

Mit einer solchen Bakterienkultur kann der Tierarzt durch Tests ermitteln, welches Medikament am wirksamsten ist.

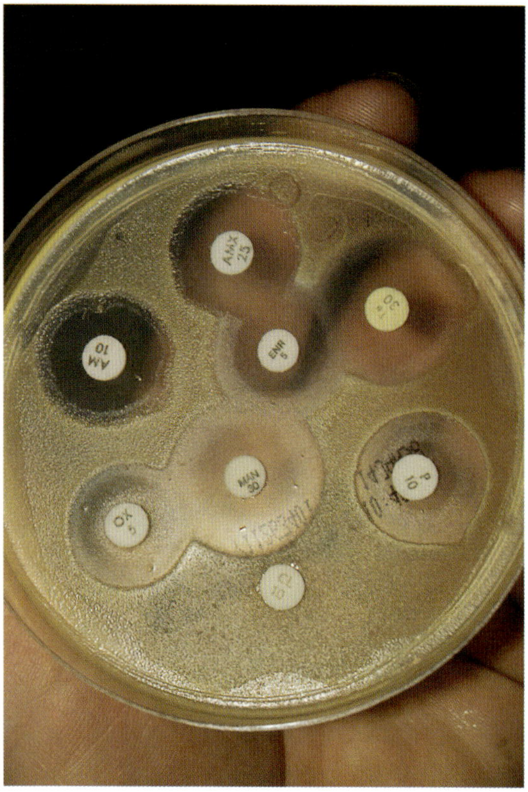

Die Wirksamkeit von Arzneimitteln

Um ein wirksames Medikament zu finden, setzt der mit Fischkrankheiten vertraute Tierarzt in einer Petrischale eine Bakterienkultur auf einem Nährsubstrat (Agar agar), ein sogenanntes Antibiogramm, an. Dazu entnimmt er mittels eines sterilen Tupfers einen Abstrich aus einem der Löcher und überträgt die abgestrichenen Bakterien auf den Nährboden. In den nächsten Tagen breitet sich dann auf dem ganzen Boden ein Bakterienrasen aus.

Jetzt kann die Wirksamkeit verschiedener Medikamente getestet werden, indem jeweils an einer bestimmten, gekenntzeichneten Stelle des Bakterienrasens ein Tropfen der einschlägigen Medikamente aufgebracht wird. Bei Wirksamkeit eines Medikamentes bildet sich an der betreffenden Stelle eine bakterienfreie Zone (siehe Foto).

Torf im Teich

Es ist schon lange aus der Aquaristik bekannt, daß Torf sehr günstige Auswirkungen auf das Wasser und damit auch auf die Fische hat. Die Huminsäure im Torf bewirkt, daß sich bei einem Ausgangswasser mit einem pH-Wert um 8 ein optimaler pH-Wert von 6,5 - 7,5 einstellt. Durch diesen niedrigeren pH-Wert geht auch die Bakteriendichte im Wasser zurück. Außerdem wird durch Torf das Wasser etwas enthärtet. Torf behindert auch die Algenentwicklung im Wasser. Das beruht auf dem etwas abgesenkten pH-Wert und auf der leichten Braunfärbung des Wassers. Wenn man Torf in den Teich einbringen will, so sollte unbedingt darauf geachtete werden, daß Hochmoortorf verwendet wird. Nieder- oder Flachmoortorf ist nicht geeignet!

Der Torf (etwa 25 kg) wird in einen geeigneten Sack, möglichst aus wasserbeständigem Gewebe gefüllt und in den Teich eingehängt oder mit einem Stein beschwert abgesenkt. Die Wirkung des Torfes hält dann für 3 bis 4 Monate an. Danach muß er gegen neuen ausgetauscht werden. Der gebrauchte Torf kann noch im Garten besonders für Rhododendron und Azaleen verwendet werden.

Probleme der Koiüberwinterung dürfen nicht unterschätzt werden

Wir wissen, daß Koi im eigentlichen Sinne Warmwasserfische sind, und leider sind wir in Deutschland bei der Koihaltung nicht so glücklich dran, wie die Koiliebhaber in den klimatisch begünstigten Ländern, z.B. wie in den meisten Gebieten Japans, wie in Kalifornien, Hawaii, Südafrika, Singapur, Malaysia oder Thailand.

In unseren Breiten ist die Temperatur im Teich während etwa 7 Monaten des Jahres für Koi zu kalt und entspricht nicht ihrem Optimum. Dadurch nehmen sie in den Übergangszeiten, im Frühjahr und Herbst teilweise kein Futter auf, bzw. verwerten das Futter nicht. Außerdem ist das Immunsystem der Tiere zu diesen Jahreszeiten infolge zu niedriger Temperaturen stark geschwächt, bzw. ganz ausgeschaltet.

Zu beachten ist, daß die Temperaturbeeinflussung durch das Wetter je nach Tiefe des Teiches unterschiedlich ist. Flache Teiche erwärmen sich im Sommer schneller, kühlen aber auch während der Nacht und bei niedrigen Lufttemperaturen sehr schnell aus. Tiefe Teiche sind dagegen beständiger gegen Schwankungen, erwärmen sich aber nur langsam und bleiben dann infolge einer Temperaturschichtung in der Tiefe immer kälter. In den Wintermonaten erlei-

Klaus J. und Gabriele Becks, Deutschland, besitzen eine große, vorbildlich gestaltete Koianlage.

Ein Koiteich von Dr. John B. Gieles in Holland

Schöne Anlage eines holländischen Koiliebhabers. Mit dem Aushub wurde ein hügeliges Gelände gestaltet

det unser schönes Hobby dann eine abrupte Unterbrechung, und die Gefahren der Koiüberwinterung in unseren Breiten sollte man nicht auf die leichte Schulter nehmen.

Wir wissen, daß Koi eine absolut tiefste Temperatur von 2 °C kurzzeitig überleben, daß diese Temperatur in unseren Breitengraden und bei den üblichen Teichtiefen bis zu fünf Metern auch an der tiefsten Stelle durchaus nicht gewährleistet sein muß. Besonders durch kalte Winde kühlen die Koiteiche nur allzu leicht stark aus. Es zahlt sich deshalb nicht aus, Experimente zu machen und zu hoffen, daß die Koi schon überleben werden. Man muß versuchen, die Wassertemperatur im Koiteich während des Winters auf 4 - 6 °C zu halten. Das ist am einfachsten durch eine temperaturgeregelte Teichheizung zu erreichen.

Heizen des Koiteiches

Dazu gibt es verschiedene Möglichkeiten. Man kann den Teich mittels Elektroenergie, Gas oder Erdöl heizen. Die Heizung mittels Elektroenergie ist die eleganteste Lösung, sie scheidet aber leider bei

Das idyllische Bild eines verschneiten Koiteiches täuscht leicht über die Probleme der Koi-Überwinterung hinweg. (Foto und Besitzer: Dieter Platen, Deutschland)

uns wegen zu hoher Kosten aus. Denkbar wäre allerdings der Einsatz einer Wärmepumpe.

Anschluß an die Warmwasserheizung des Hauses

Große Koiteiche benötigen eine eigene Heizungsanlage. Für kleinere und mittlere Teiche bietet es sich an, die Warmwasserheizung des Hauses zu nutzen. Das kann mittels eines Wärmetauschers wie in der Schwimmbadtechnik erfolgen. Noch einfacher ist die Heizung mittels eines eingebrachten Heizkörpers aus rostfreiem Stahl oder auch Gußeisen. Für den Anschluß können im Teich Silikonschläuche verwendet werden. Die Temperaturreglung erfolgt mittels eines Magnetventils. Natürlich kann man auf dem Teichboden auch Heizschlangen aus rostfreiem Stahl verlegen. Polypropylenrohre, wie sie für Fußbodenheizungen verwendet werden, sind zwar auch sehr korrosionsbeständig, aber ihr Wärmeübergang ist schlecht, und man braucht dabei viel zu große Rohrlängen.

Viele Koiliebhaber haben wegen der Heizungskosten Angst. Diese müssen aber durchaus nicht hoch sein, wenn der Teich nicht allzu groß ist, und wenn man im Winter den Teich nur auf die unbedingt erforderliche Temperatur von etwa fünf bis sechs Grad Celsius aufheizt. Wesentliche Kosteneinsparung bringt außerdem eine zusätzliche Abdeckung des Teiches. Am besten ist die Überdachung mit einem stabilen, innen begehbaren Foliezelt. Das Auflegen einer Noppenfolie auf die Wasseroberfläche als Alternative ist unzureichend und auch sehr unsicher.

Zur Überprüfung der Wassertemperatur ist es vorteilhaft, an der tiefsten Stelle des Teiches den Fühler eines elektronischen Temperaturmeßgerätes zu installieren. Zusätzlich kann noch ein Fühler in etwa 50 cm Wassertiefe angebracht werden.

Solarheizung

Um die Heizungskosten weiter zu minimieren, ließen verschiedene Koiliebhaber zusätzlich eine Solarheizung installieren. Für die Übergangszeiten im Herbst und im Frühjahr ist eine solche durchaus brauchbar, im Winter bringt auch eine gute Solarheizung nicht allzu viel. Man sollte sich vor dem Bau einer Solaranlage erst eingehend beraten lassen und auch in Erfahrungsaustausch mit Koiliebhabern treten, die eine solche betreiben. Es ist wichtig, die Anschaffungskosten im Vergleich zum Nutzen genau zu kalkulieren. Das ist nicht einfach, denn leider bestehen bei den Herstellern kaum genügende Erfahrungen für dieses Anwendungsgebiet.

Das Fotografieren von Koi

Aus verschiedenen Gründen möchte man seine Koi gerne im Bild festhalten, z.B:

- Um sie auf einem Treffen mit Gleichgesinnten zeigen zu können;
- um bei einer Koi-Ausstellung die geforderten Bilder liefern zu können;
- um die farbliche Entwicklung über längere Zeiträume zu dokumentieren,
- oder, um bei der Zucht über mehrere Fischgenerationen ein bestimmtes Zuchtziel verfolgen zu können.

Gute und sehr gute Koifotos findet man in verschiedenen Koi-Zeitschriften in großer Menge, und so könnte der Fotoanfänger auf die Idee kommen, es gibt nichts Leichteres, als Koi zu fotografieren. Leider ist das nicht so.

Beim Fotografieren von Koi treten annähernd die gleichen Schwierigkeiten wie bei der Aquarienfotografie auf, die darin bestehen, daß sich das Objekt im Wasser befindet, dessen Oberfläche spiegelt. Außerdem handelt es sich um Nah-, bzw. Makrofotografie mit all ihren Problemen in der relativ geringen Schärfentiefe und in der Verzeichnung.

Kamera, Objektiv und Elektronenblitz

Für das Fotografieren von Koi braucht man eine Spiegelreflexkamera mit Elektronenblitzanschluß (hohe Blitzsynchronisation - 1/125 s und mehr - ist vorteilhaft), mit TTL-Blitzbelichtungsautomatik und mit Wechselobjektiven, bzw. mit entsprechendem Zoom.

Das Fotografieren von Koi spielt sich im Nahbereich ab, deshalb soll das verwendete Objektiv im Macrobereich verwendbar sein und sich mindestens zwischen einem und 0,50 Metern, für sehr kleine Koi auch noch näher einstellen lassen. Ist das nicht möglich, so müssen entsprechende Zwischenringe, bzw. Voratzlinsen zum Einsatz kommen.

Vorteilhaft ist die Verwendung eines kurzen Teleobjektivs, bei Kleinbild von 70 bis 100 Millimetern Brennweite. Da die typischen Koiaufnahmen von vorn gemacht werden, ergeben zu kurze Brennweiten eine unrealistische Perspektive: Zu großer Kopf in Verhältnis zum Körper.

Die Kamera muß sich manuell scharfstellen lassen, denn die automatische Scharfstellung ist wegen der reflektierenden Wasseroberfläche nicht zu gebrauchen. Aus diesem Grunde und wegen der auftretenden Parallaxe zwischen Sucher und Objektiv sind Kompaktkameras für gute, formatfüllende Fotos unbrauchbar.

Selbstverständlich kann auch eine Digitalkamera mit entsprechend hohem Auflösungsvermögen zum Einsatz kommen. Sie hat den Vorteil, daß sich die Aufnahmen im Computer nacharbeiten lassen.

Filter

Filter, auch sogenannte Polarisationsfilter, sind entgegen häufiger Meinung für das Fotografieren von Koi nicht erforderlich. Polarisationsfilter sind nur bei einer ruhigen, sich nicht bewegenden Wasseroberfläche brauchbar, die bei Habitusaufnahmen von Koi nicht gegeben ist. Außerdem schlucken sie sehr viel Licht, so daß man gezwungen ist, höherempfindliches Filmmaterial (400 bis 1000 ASA) zu verwenden.

Film

Es werden Farbfilme verwendet, eine Filmempfindlichkeit von 100 ASA ist ausreichend. Für Veröffentlichung in Magazinen und Büchern werden wegen höherer Detailgenauigkeit und Brillanz sowie besserer Farbtreue und Schärfe Diafilme bevorzugt.

Behälter

Für das Fotografieren benötigt man natürlich auch einen geeigneten Behälter mit entsprechend gefärbtem Untergrund. Blau ist dabei am günstigsten. Über blauem Untergrund zeigen die Koi am besten ihre Farben. Schwarz ist für eine gute Farbwiedergabe der Koi auch geeignet, aber über schwarzem Untergrund leuchten alle etwaigen, meistens nicht ganz zu vermeidenden Schwebeteile im Wasser durch den Blitz auf, und das Ergebnis gleicht einem abgebildeten Schneegestöber.

Für große Koi braucht man einen blauen Vat von 1,50 und 1,80 Metern Durchmesser, wie sie auf Ausstellungen stehen. Für kleinere Koi genügt ein kleinerer, blauer Behälter, der allerdings möglichst rechteckig (ca. 1,20 x 0,60 m) sein sollte. In runden Behältern (blauen Schüsseln) sind kleinere Koi nämlich nicht davon abzuhalten, dauernd im Kreise zu schwimmen. Das Fotoergebnis sind dann gekrümmte Koi mit angelegten Flossen.

Der Fotobehälter muß mit klarem, abgestandenem, aber nicht frischem Wasser so hoch gefüllt werden, daß der Rücken des ent-

Verschiedene öffentliche Gärten in Holland, wie hier Adas Teichgärten, geben viele Anregungen für eine eigenen Gartengestaltung.

Ausschnitt aus dem im japanischen Stil angelegten Koigarten von Edwig Boeykens, Belgien

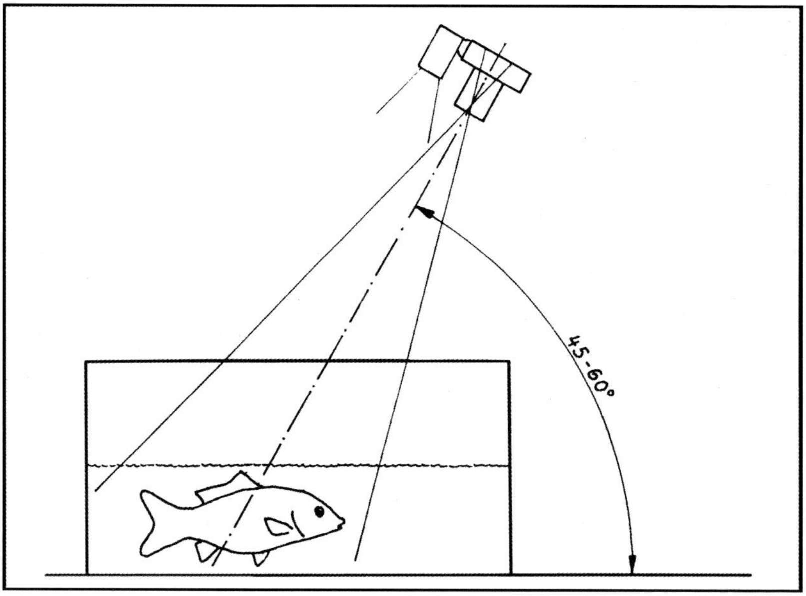

Etwa einzuhaltender Winkel beim Fotografieren von Koi. Bei wesentlich kleinerem Winkel wird die Abbildungsqualität schlechter, außerdem besteht die Gefahr der Unterbelichtung durch Teil- bis Totalreflexion an der Wasseroberfläche. Bei größerem Winkel bildet sich der Blitz auf der Wasseroberfläche ab.

sprechende Koi sicher bedeckt ist. Unnötig hoher Wasserstand kann zu Unschärfe führen, und durch frisches Wasser bilden sich Luftblasen an den Behälterwänden und an den Fischen.

Zelt

Profis stellen den Behälter in ein Zelt, damit alles Nebenlicht, das zu Reflexionen an der Wasseroberfläche führt, vermieden wird. Zum Scharfstellen verwenden sie einen starken Scheinwerfer, der im Rücken des Fotografen steht. - Das ist tatsächlich die einzige Möglichkeit, um mit einiger Sicherheit wirklich gute Fotos zu machen. Denn selbst, wenn man sich ohne Zelt die größte Mühe gibt, Reflexionen, hervorgerufen durch vorhandene Beleuchtungskörper, sich spiegelndem Himmel usw., durch einen entsprechenden Standpunkt zu vermeiden, treten solche Spieglungen meistens im Augenblick der Aufnahme durch Bewegung des Fisches dann trotzdem auf und verderben das Foto.

Bild rechts oben:Teich im Japanischen Garten von San Franzisco (Kalifornien)
Bild rechts unten: Privater Koiteich in Taiwan

Wie geht man bei der Aufnahme vor?

Für wirklich gute Aufnahmen ist ein sehr versierter Assistent unerläßlich. Dieser dreht den Fisch in die richtige Position und stellt ihn möglichst ruhig. In Japan verwendet man dazu zwei Selektiernetze mit langem Stiel. Fotograf und Assistent müssen gut aufeinander eingespielt sein. Der Fotograf wählt eine geeignete, wegen der erforderlichen Schärfentiefe möglichst kleine Blendenöffnung, die aus der Leitzahl des Blitzers und der Aufnahmeentfernung errechnet wird. Wegen der teilweisen Reflexion des Blitzlichts an der Wasseroberfläche sollte man die Blende sicherheitshalber um eine oder besser zwei Blendenstufen niedriger als errechnet, z.B. statt Blende 16 auf Blende 11 oder 8 einstellen. Generell ist für große Fische, abhängig von der Leitzahl des Blitzers, etwa die Blende 8 bis 11 und für kleine Fische die Blende 16 bis 22 einzusetzen.

Die Einstellung der Aufnahme muß so erfolgen, daß ca. 70% des Aufnahmeformates ausgenutzt werden. Eine größere Aufnahmeformatnutzung ist mit zu großem Streß für den Fotografen verbunden und führt dazu, daß dem Fisch auf der Aufnahme oft ein Teil des Schwanzes fehlt.

Der Aufnahmewinkel soll erfahrungsgemäß etwa 45 bis 60° betragen. Ein größerer Aufnahmewinkel erhöht die Gefahr, daß der Blitz auf der Wasseroberfläche abgebildet wird. Bei kleinerem Winkel wird die Belichtung durch Teil- bis Totalreflexion ungünstiger, und der Fisch ist in einer ungünstigen Perspektive (großer Kopf und kleiner Körper). Der Fotograf sollte bei der Aufnahme immer beurteilen, ob eine weitgehend verzeichnungsfreie Abbildung gewährleistet ist. Bei großen Fischen ist es günstig, bei der Aufnahme einen erhöhten Standpunkt auf einer Fußbank oder niedrigen Kiste zu wählen. Die Scharfstellung muß immer auf den Kopf des Koi erfolgen. Nun kommt es darauf an, daß der Fisch in der richtigen Position steht und möglichst nicht oder nur sehr langsam auf den Fotografen zuschwimmt. - Ein schnell schwimmender Fisch klemmt die Flossen! - Der Koi soll aber die Brustflossen während der Aufnahme gut spreizen, er muß in der richtigen Position (mit den Kopf nach vorn) zum Fotografen stehen, und er soll möglichst während der

Bild links oben: Teich beim Nationalpalastmuseum in Taipei.
Bild rechts oben und unten: Weil Fische Glücksbringer sind, gibt es in Singapur sehr viele Koiteiche, die aber meistens wegen hoher Mauern von außen nicht einsehbar sind.
Ihre Besitzer sind auch nicht im Koiklub organisiert.

der Aufnahme das Maul geschlossen halten. Außerdem muß die eingestellte Schärfe ständig korrigiert werden, und das Aufnahmeformat soll richtig ausgefüllt sein. Das sind viele Bedingungen, die erfüllt sein müssen, und auf die der Fotograf gleichzeitig achten muß.

Wegen ihrer Kleinheit und hohen Beweglichkeit ist das Fotografieren von kleinen Koi besonders schwierig.

Zusammenfassend kann man sagen: Das Fotografieren von Fischen und natürlich auch Koi ist keine Beschäftigung für Leute mit schwachen Nerven.

Literatur

Brüggert,D.(1998): Der Quaderfilter, die optimale Filteranlage? KLAN Koi Magazin, Heft 1/98

Hannen,D. (1995): Tips zum Filterbau. KLAN Koi Magazin, Heft 4/95
-: 1997): Tips & Tricks: Koi-Transport. KLAN Koi Magazin, Heft 3/97

Iwao,H. 1998): For Blue Tank Photographers. Nichirin, Mai 98, S.24 mit Fortsetzung bis Juli 98

Johnson,E. (1997): Körpergeschwüre bei Koi ...und eine Anleitung zur Verhinderung. KLAN Koi Magazin, Heft 2/97

Küsters,H.-W. (1995): Solarthermik im Einsatz am Koi-Teich. KLAN Koi Magazin, Heft 3/95

Kuroki,T./Nogami,R. (1997-1998): Basic Koi Keeping. Nichirin, Oktober 97 mit Fortsetzung bis November 98

Lechleitner,S. (1998): Koi-Kalender. Eigenverlag, Stuttgart

Teichfischer,B. (1994): Die 1.Deutsche 'KLAN' Koi-Ausstellung: ein sensationeller Erfolg. KLAN Koi Magazin, Heft 3/94

-: (1995): 1.Dessauer Koi-Ausstellung. KLAN Koi Magazin, Heft 3/95

-: (1996): Der Wassergarten in den 4 Jahreszeiten. KLAN Koi Magazin, Heft 2/96

-: (1996): Wir besuchten die Koi Show in Singapur. KLAN Koi Magazin, Heft 3/96

-: (1996): Pflanzenfilter für Innenhälterung. KLAN Koi Magazin,Heft 4/96

-: (1998): Taiwan - modernes Land mit uralten Traditionen und Koi. KLAN Koi Magazin, Heft 3/98

Weidman, H. (1996): Sichere Koi-Überwinterung für jedermann? KLAN Koi Magazin, Heft 2/96

Weißgräber,S. (1997): Einführung in die Grundlagen der Wasserchemie. KLAN Koi Magazin, Heft 2/97

Zeitschriften

KLAN KOI Magazin, Krefeld (Mitgliederzeitschrift des KLAN-Koiliebhaber am Niederrhein) 4x jährlich

Koi Kurier, Gütersloh. 4x jährlich

Kontaktadresse:

Koi Liebhaber am Niederrhein 1991 e.V.
Redaktion und KLAN-Geschäftsstelle

Dr. Dieter Hannen
Kempener Allee 8
D-47803 Krefeld
Telefon: 02151-761876 •Fax: 02151-760633
eMail:koiklan@t-online.de

A
Afterflosse ... 21
Aka-Bekko ... 37, 39
Algen ... 108, 113, 126
Algenblüte ... 113, 126
Ammonium ... 112, 113, 122, 130
Ammoniak ... 90, 113, 126
Ammoniakvergiftung ... 90
anaerobe Bakterien ... 132
Antibiotika ... 137
Arzneimittel ... 138
Assimilation ... 112, 113,126
Atmung ... 113, 132
Außenparasiten ... 134
Ausstellungstier ... 21

B
Bakteriendichte ... 91
Barteln ... 19
Bauchflossen ... 21
Beschuppung ... 22, 37,67
Bikarbonate ... 122
Blähton ... 116
boke ... 35
Boze ... 25
Brunnenwasser ... 108, 122
Budo-Goromo ... 53
Budo-Sanshoku ... 51, 53

C
Chloride ... 122

D
Dissimilation ... 113, 132
Doitsu-Bekko ... 37
Doitsu-goi ... 44, 49
Doitsu-Ogon ... 67

E
Elektroenergie ... 142
Erdöl ... 142
Europa ... 86

F
Fadenalgen ... 108, 113, 116, 126
Filmmaterial ... 145
Filterbakterien ... 123, 130, 132
Filterschwämme ... 116
Fischkrankheiten ... 138
Flachmoortorf ... 139
Formalin ... 134
Fotobehälter ... 145
Frühjahr ... 104
Fukurin ... 45, 51, 63
Futter ... 106

G
Gas ... 122, 142
Gesamthärte ... 126, 127
Gin-Bekko ... 68
Ginrin-Gosanke ... 15
Gin-Kabuto ... 63
Gin-Matsuba ... 67
Gin-Shiro ... 73
Gin-Shiro-Utsuri ... 40
Gin-Showa ... 73
Ginsui ... 68, 69
Goldfische ... 13
Goshiki ... 44
Goten-zakura-Kohaku ... 24
Grand Champion ... 16
Grundfärbung ... 23, 67
Grundfarbe ... 27, 29, 41

H
Hachi ... 36
Hachiware ... 35
Haltungswasser ... 91, 133, 138
Hanabatake-Sanshoku ... 31
Hana-Shusui ... 50
Hariwake ... 68, 71
Hariwake-Matsuba ... 68, 72
Hautqualität ... 22
Hawaii ... 84
Herbst ... 104, 113
Hochmoortorf ... 139
Honzome ... 25
Honzumi ... 35
Hikarimono-Higoi ... 66
Hikari-moyomono ... 15, 62, 68, 69, 73
Hi-Ogon ... 66
Hi-Shusui ... 50

Hi-Utsuri 40,43
Hito 36

I

Ibushi-Gin 64
Immunsystem 123, 142
Inazuma-Kohaku 24
Indigo-Goromo 69
Indikatorlösung 124, 130
Ippon-Hi-Kohaku 24
Israel 84

J

Jami 53
Jamigoromo 53
Jumbokoi 21

K

Kage-Utsuri 40
Kahlkopf 25
Kalifornien 85
Kalium 122
Kaliumpermanganat 137
Kanji 41
Karbonate 122
Karbonathärte 113, 126
Kasane-zumi 31, 32
Kata-moyo 26
Kawarimono 15, 40
Ki-Bekko 37, 40
Kiemendeckel 19
Kiemenschäden 131
Kiemenverätzung 113
Kies 94, 102, 110, 116
Kikusui 68, 73
Kindai-Showa 31, 33, 37, 40
Kin-Fuji 68
Kin-Kabuto 63
Kin-Ki-Utsuri 40
Kin-Matsuba 67
Kin-Showa 73
Kinsui 68, 69
Kin-zakura 24, 68
Kochsalz 90, 91, 132
Körperglanz 22, 45, 62
Körperwölbung 19
Kohakuformen 24
Kohlendioxid 113
Kokenami 45
Konjo-Asagi 44, 47
Koromo 15, 44, 51
Koromo-Sanshoku 51
Kujaku-Ogon 68, 69
Kuro-Ki-Han 43
Kupfer 112, 113, 126

L

Laichansatz 19
Lederkarpfen 44, 49
Leitungswasser 124, 133
Lippenfleck 25
Lochkrankheit 63, 137

M

Magnesium 122
Magoi 15, 44
Malachitgrünoxalat 137
Malaysia 85
Maruten 26
Maruten-Kohaku 24
Maruzome 25
Mastform 19
Mebendazol 134, 137
Mehrkammerfilter 107, 110, 118
Meiji-Ära 43
Mekazura 2
Menkabure 26
Menkaburi-Kohaku 25
Menware 35
Mizuho-Ogon 68
Moto-guro 33
Moto-hi 27

N

Nabe-zumi 41
Napoleon-Kohaku 24
Narumi-Asagi 44, 47, 51
Natrium 100, 122
Netzzeichnung 45, 51
Nezu-Ogon 64
Nezumi-Ogon 64
Niban-hi 27
Nitratgehalt 131

Nezu-Ogon 64
Nezumi-Ogon 64
Niban-hi 27
Nitratgehalt 131
Nitritgehalt 132

O

Odome 27
Ogon-Utsuri 73, 77
Ojime 27, 31
Orenji-Hariwake 68, 72
Orenji-Hariwake-Doitsu 68, 73
Orenji-Ogon 66, 68

P

Parasitenbefall 134
Pectoralen 33, 37, 64
Perl-Shusui 50
Pflanzen-Einsatzkästen 110
Phosphat 122
Platinum-Doitsu 67
Platinum-Kohaku 68
Platinum-Ogon 64
Polarisationsfilter 154

R

Rohrleitungen, Durchmesser 120

S

Sakin 63
Sakura-Ogon 68, 71
Salzgehalt 131
Sanshu-Koi 45
Sashi 25, 26
Sauerstoffgehalt 113, 131
Sauerstoffkonzentration 132, 133
Schwammpatronen 116
Shira-ga-kurai 26
Shiro-Bekko 25
Shochikuba 69
Shusui-bire 47, 49
Solarheizung 143
Spurenelemente 108, 122
Stoffwechsel 123, 133
Südafrika 86
Sulfate 122
Sumigoromo 51, 53

T

Takeshima 45
Taki-Asagi 44, 48
Tancho 15
Tategoi 14, 28
Teilwasserwechsel 113, 126, 130, 132, 133
Temperaturschwankungen 123
Thailand 85
Topfbäuchigkeit 64
Tora-Ogon 68, 71
Torf 139
Transportwasser 90, 131
Tsubo-zumi 31

U

Überbesatz 138
Überwinterung 123, 142
Umkehrosmose 108
Urushi-zumi 41
Utsuri-Doitsu 40, 44
UV-Lampen 113

V

Verkaufspreis 17
Vermehrung 81
Vorfilter 108, 116, 118
Vortex 108

W

Wärmepumpe 142
Wachstum 24
Wagoi 69
Wasserblüte 113
Wasserhärte 122, 126
Wassertemperatur 122, 123, 133
Weizenkeimpelletts 91
Wertungsrichter 22

Y

Yamabuki-Hariwake 68, 72
Yamabuki-Hariwake-Doitsu 68, 72, 73
Yamabuki-Ogon 64
Yamoto-Nishiki 68, 69

Z

Zeilkarpfen 49, 67
Zeolith 90